나는
너를 더 많이 사랑한다

스토리가 있는 시

나는 너를 더 많이 사랑한다

이현민 지음

바른북스

추천사

나는 너를
더 많이 사랑한다

세미함을 관찰하는 시인의 마음에는
만물과 일상이 새로운 생명력과 감격으로 다가온다
그리움 붉은 마음 그녀의 쓸쓸함조차도 삶의 환희다
새벽에 읽는 시의 무리나 조각들은 또 하루의 경이로움이다
시인의 작품 속에서 내가 아는 그 아들의 반듯함도 보인다
삶이 시인 것이다
아프도록 아름다운 사랑이 어찌 빛을 잃겠는가
세월의 눈비는 더욱 아름답게 체화될 뿐이다
"나는 너를 더 많이 사랑한다."를 주님의 음성으로 듣는다
주님의 사랑을 깊이 호흡하는 시는 감동이 크다

2025. 11. 11.

최 종 천
분당중앙교회 담임목사
분중문화재단 이사장

시인의 말

유난히 더웠던 올여름(2025년)
시 작업이 많이 힘들었다고
더위를 핑계로 나를 변호하고 싶다

읽고 읽어도 숨어 있는 오타와 혀에 걸리는 구절들
어르고 달래어 예쁘고 부드럽게 꾸미려 했지만
그래도 어설픈 점은 나의 부족함이다
그냥 넘어가기로 한다
교훈적인 면은 내게 보내는 채찍이다

'발끝에 눈높이를 두어야 보이는 내 사랑 제비꽃'을*
생각하며 내려서기 훈련을 열심히 할 것이다

* 3집 『기다리는 나무』에 실린 작품 「제비꽃」

측량할 수 없는 광대한 우주를 두고 말을 한다면
지구촌의 모든 족속은 아주 아주 가까운 이웃이다
온 세계가 싸우지 않고 평화를 사랑하면 좋겠다
환경문제를 비롯해 할 일이 너무 많은데~~~

2025. 11. 20.

이 현 민

목차

둘(2)

셋(3)

넷(4)

다섯(5)

하나

(1)

사람인(人)

맨땅에 깨금발로
홀로서기 외로워라

아찔 넘어질라
나를 위하여 너를 세운다

너 없는 나를 생각해 본다
딛고 선 땅이 흔들린다

나 없는 너의 하늘은
그 얼마나 노랗겠느냐

너는 나를 사랑한다
나는 너를 더 많이 사랑한다

가위바위보

"사랑은 시기하지 않는 것"*

지는 것이 이기는 것이라 하지
그냥 헤아리지 않고 져주고
꽃 핀 너의 기쁨을 보고 싶을 뿐

손에서 힘을 빼고
가위바위보

나는 주먹을 낼 터이니
너는 다섯 손가락 쫙 펴고
보를 내어라
네가 가위를 내면
내 가슴엔 비가 내린다

"사랑은 질투하지 않는 것"*

* 고린도전서 13장에서 인용

노을빛

누구의 마음이 저리 맑을까

누구의 자리가 저리 반듯할까

누구의 발걸음이 저리 가벼울까

누구의 가슴이 저리 간절할까

누구의 사랑이 저리 붉을까

허물투성이 노을빛에 부끄러워라

부르고 싶은 이름

그는 물 빠짐이 빠른 곳을 싫어한다
그는 모래밭을 싫어한다
그는 헤픈 손을 싫어한다

그는 튼실한 교목으로 자라기를 원한다
그는 굳은 땅에 굳게 서기를 원한다
그는 기둥감으로 곧게 자라기를 힘쓴다
그는 정직한 주춧돌 만나기를 기도한다

그는 어린 눈빛까지 눈높이를 낮춘다
그는 먹먹한 귀에 낭랑한 울림이다
그는 듣는 귀가 즐거울 언어를 선택한다
그는 관목들의 소망을 별보다 높게 여긴다

그의 이름을 '겸손나무'라 불러주고 싶다

호박꽃

장미꽃 백합꽃 샛노란 국화
아름답다고, 향기롭다고
동네방네 자랑하지 마라

내 이름은 '호박'이다
관객들 좋아하는 미인도 아니고
해만 뜨면 곧바로 시드는
연약한 체질까지
무엇 하나 내세울 것 없다

내 어머니 오직 한 분
새벽마다 정성 다해 기도하시며
어루만져 위로하셨지

'꽃 때도 중요하지만
가을 햇볕 빛나는 날
열매의 때에 웃을 수 있어야
그게 보람찬 삶이란다

아침마다 잊지 않고 찾아오는
蜂蜂이를 반갑게 맞이하거라'

소통을 위하여

열고 닫기 쉬운 대문
뉘 집에서 찾지 마라

초록 대문 먼저 열면
노랑 빨강 따라 열지

내 집 대문 빗장 질러
앞집 담장 높아진다

시작이 절반이라
내가 먼저 네가 먼저

김陣營아 빗장 열자
이陣營아 문을 열자

자존심은 연 날리고
먼저 열면 대인이지

닫으면 미운 세상
소통하면 새 하늘 새 땅

하늘 문 열리면 동서남북
열방의 문 활짝 열리리

노랑병아리 닮아보기

가을 햇살 조요한 안마당
종종종 노랑병아리

물 한 모금 먹고 하늘 한 번 쳐다보고
한 모금 먹고 한 번 쳐다보고

하는 짓이 귀엽고 재미있어
세상일 내려놓고 한참을 보고 있었지
끓어오르던 분노가 삭아 내렸어

눈 한 번 꾸~욱 감고
숨 한 번 들이쉬고 내쉬고
눈물 한 모금 넘기고
하늘 한 번 쳐다보고

병아리 한 번 쳐다보고
하늘 한 번 쳐다보고

풀잎에 이슬

이른 아침 풀밭에 나가보세요
맑은 구슬 하나씩 쥐고
반짝이는 풀잎들 눈빛
아주 행복한 얼굴입니다

그 예쁜 풀잎을 보고 있으면
순진한 유년이 그리워지네요
파란 유리구슬 한 알도 보물이었지

뽀얀 진주를
손가락에, 귓불에, 손목에, 긴 목에
끼고, 달고, 차고, 걸고
심술 난 고목처럼 부루퉁 쳐다보면
나더러 어쩌라는 겁니까?

내일 아침 일찍 풀밭으로 나가보세요

꽃과 단풍과 시

꽃 지는 봄밤이 서럽다 했더니
꽃 진 자리마다 열매 익었네

푸른 욕심 가볍게 벗고 나더니
동서 사방 곱게 붉게 꽃물 들었네

가을 사랑 떠나가 눈물이더니
시월 인연 찾아와 詩가 되었네

달과 시인

시인은
쓸쓸하면 달을 쳐다본다
외로우면 달의 품에 안긴다

사랑은 말없이 떠나가고
달랠 길 없는 쓰린 가슴
달의 눈물을 받아 마신다

그리움이 덧나면 가슴 부여잡고
아예 동산에 올라
달을 베어다 허허한 행을 채워
詩를 위로한다

시월의 마음

맑고 푸른 하늘과 착한 바람 불어
바알갛게 익은 홍시를 따면
까치밥을 남기는 인정이 돌고
죄의 모태인 욕심은 멀어져 가지

산과 들 온 땅에 시월의 향기가 짙어
은혜가 봇물인데 탐심이라니

바람 시원한 들판에 서면
맑은 물길이 트일 것 같고
떠나간 첫사랑도 찾아올 것 같아
사춘기 두근거림으로 볼 붉어도 괜찮겠다

시월은 잃어버린 추억을 찾아
어디든 떠나야 한다
거짓을 벗어버린 영혼이라면
누굴 만나도 반가울 것 같은 시월

그래서
평생 척박한 돌짝 밭을 일구던
아지매 닮은 구절초 향이 짙은가 보다

겨울나무 괜찮아

무성한 푸른 잎 자랑스러웠지
심술 바람도 두렵지 않았지

한 잎 두 잎 떠나도 괜찮아!
어차피 가야 하는 길 복 빌어주자

외롭고 쓸쓸해도 괜찮아!
가슴 서늘하면 햇살 부르지

삐걱거리는 뼈마디 소리
참는 것도 맛 들면 재미날 거야

시끄러운 세상 멀어지니
내 안의 소리 들리네, 괜찮아!

조팝꽃은 좋겠네

봄꽃 다 지고 난 후
허전한 마음 달래주는 밥풀 꽃

낮으막 산자락에 무리 지어 피는
그리운 고향꽃이라고

생일 아침 소복이 퍼담은
울 엄마 쌀밥 꽃이라고

백옥 같은 순아 얼굴 닮은
첫사랑 꽃이라고

조팝꽃 너를 불러
너도나도 하얗게 시를 쓴단다

허기를 채울 밥그릇은 어디에

막사발에 수북이 담긴
거무스레한 꽁보리밥
허기진 배를 채웠지

놋주발에 봉긋이 담은
기름진 하얀 쌀밥
입가의 웃음 고왔지

비워낸 밥그릇 닦으며
세상 아무것도
부러운 것 없었지

칠첩반상 구첩반상
꽃밭 같은 상차림
먹고 먹어도 고픈 세상아

정체를 알 길 없는 이 헛헛함
어떤 밥그릇에 무슨 밥을 담아야
허기를 달랠 수 있을까요?

새롭게 살고져

새날이여
찬란한 빛으로 오라

평직의 바름과
능직의 고움으로

마음 한 필 곱게 짜서
성실 한 벌
예곱게 차려입으리

훤히 비치는
거짓 옷 훌훌 벗고
숨 막히는 욕심도
미련 없이 내려놓고

청빛 하늘 높이
날개를 펴는 새처럼
가볍게 자유를 살고져

둘

(2)

한 톨의 쌀

쌀을 씻다가 쌀알 몇 톨 흘렸다
흘린 쌀을 주워 담아 밥을 짓는다

오늘따라 밥 끓는 소리 구수하다
밥을 푸다가 또 흘렸다
밥알 한 알 한 알 줍는다

눈앞이 흐릿하고 밥숟갈이 흔들린다
밥알이 자꾸 떨어진다, 알뜰히 집어먹고
쌀의 길을 되짚어 농부의 땀을 찾아간다

한 톨의 볍씨가 한 움큼의 쌀로 내게 오기까지
햇빛과 바람과 이른 비와 늦은 비
푸른 달빛과 영롱한 별들의 속삭임
밤마다 고요히 내리는 이슬의 맑은 눈빛

온 우주가 담긴 쌀 한 톨은 신비한 작은 우주
뾰족한 말씨를 쏟아내기 바쁜 나의 입

벼 껍질보다 거친 나의 혓바닥
깊고 오묘한 우주의 참맛에 빠지다

질그릇

보리밥을 먹다가 일어나 고향 우물가로 간다
늙은 웃음으로 반기는 흐릿한 질자배기 지문
거친 보리쌀 대끼던 어머니 손바닥이다

실금 생기면 철삿줄로 테 두르고
진흙 이겨 발라 쓰던 순둥이 바보그릇
실바람만 불어도 굽은 허리 무너질 것 같은
몸과 마음이 허약해진 어머니 모습이다

어머니는 가진 것 없어도 풍요를 품고 산다
귀한 보배를 기르며 배 아픔은 잊었다
보기도 아까워 내놓고 자랑도 삼간다
어머니는 땅의 가치보다 높은 더 귀한 보배를 가졌다
대가를 치르지 않은 귀중한 선물

"우리가 이 보배를 질그릇에 가졌으니"*

* 고린도후서 4장 7절

이제 우리는 그의 이름을 보배합이라 부른다
진리를 아는 눈이 알아볼 수 있는 귀한 질그릇

맑은 그리움

애들아, 일어나거라 어서 나와 보렴
방문을 열며 부르시는 어머니
행주치마 끝에 이는 바람 잠을 깨운다

게으름을 떨치고 창밖을 내다보니
어머니는 보이지 않고
앞마당 감나무 가지가 덩이 눈을 안고 있다
서설이다, 한겨울 지나 뜻밖의 소담스런 눈이다

겨울 하늘이 내려앉고 고요한 저녁이면
오늘 밤 눈이 오겠다 하시며
뒤울안 장독대에 질자배기 내어놓던 어머니
눈석임물로 끓인 날 떡국 맛있는 그리움

시월 상달 팥시루떡 온 동네 나누고
떡 무거리 갈무렸다가 출출한 속
든든하게 채웠던 어머니의 따뜻한 사랑

배부른 아이들아, 어쩌면 너희들은
샘물 같은 맑은 그리움을 노래하기는
그리 쉽지 않을 것 같은 예감이 드는구나

엄마 비빔밥

보름달처럼 빛나는 엄마 놋양푼
언니 누이 오빠 동생 막내둥이
차곡차곡 꽃탑을 쌓아 올린다

비좁은 그릇 안에서
눌리고 치이고 숨 막히는 오 남매
조금만 참아라 어르고 달래며
맵싸한 고추장 한 숟갈 푹 퍼 넣는다

맵고 쓰리고 눈도 뜰 수 없는데
넉가래 숟가락으로 쓱쓱 비비고 뒤집어
그릇그릇 담아놓은 엄마 비빔밥

제 숟가락 하나씩 들고 입맛 다시며
빙 둘러앉은 우리 가족 두레반
지나가던 바람도 심술 접고 끼어든다

밥 먹어라, 끼니때에 부르시던 그리운 목소리

엄마 숟가락 없는 빈자리에

추억이 찾아와 긴 이야기 들려준다

남새밭에 눈물비

초겨울 찬바람과 씨름하다가
몸살감기로 자리에 누웠다
사흘쯤 앓고 수척해진 얼굴
투정 부리던 입맛이 가출을 했다

쓰러질 듯 입맛을 찾아 나섰다
밥집에 없고 장터 골목에도 없다
여기저기 기웃거리다가 빈집으로 돌아와
빙빙 도는 천장에 매달려 어지러웠다

입맛 돋울 다급한 어머니 음성
아욱국을 끓이거라, 가을 아욱국

된장 한 술 고추장 한 술 말린 새우 한 움큼
어머니 조리법 더듬으며 아욱국을 끓인다
입맛이 살며시 문을 열고 돌아왔다

보고 싶어라, 뵐 수 없어 더 그리워라
어머니 남새밭에 눈물비 내린다

무명 손수건

빨면 빨수록 하얗게 빛이 나는
어머니 무명 손수건

모래바람이 티끌까지 몰고 와
까닭 모를 심술부리던 봄날

날씨 탓으로 돌릴 겨를도 없이
재빠른 반응 못 한 눈꺼풀이 미웠다

쏟아지는 눈물 닦을 어림도 없는데
항상 자식에게 쏠려 있는 어머니 마음
급히 달려와 철없는 눈물 닦아주셨지

어머니, 무명 손수건 추억하며
높고 깊은 사랑에 보답 못 한 불효를
마냥 울어드리고 싶은
모래바람 부는 봄날입니다

꽃게를 먹다가

꽃게 두 마리
빨갛게 익을 때까지 푸~욱 찐다

작은 발을 떼어 꼭꼭 씹어 빨아먹는다
집게발 가위로 갈라 살 발라 먹는다
등딱지에 가득 담긴 살 먹을만하다, 숫게다

노란 알은 없고 빈 뱃속 짠물만 흥건하다
가슴 배 다리까지 부실한 빈 껍질
단단했던 등딱지 삭아서 바스러진다, 암게다

아, 어머니 날 낳아 기르신 어머니
온몸의 뼈가 물러나고 이빨이 솟아 시큰거리고
머리칼 빠지도록 힘쓰며 쏟은 피는 몇 바가지인가

나으실 때 고통 꿈인 듯 잊으시고
온몸이 부어올라 걸음조차 힘들어도
오직 자식 잘되거라, 일념으로 살아낸 세월

몰랐네, 나는 몰랐네, 너도 몰랐네

우리 모두 몰랐네

쉬이 낳고 저절로 자랐거니, 무심한 세월 살았네

조팝꽃

백발 시어미 눈총보다
더 무서운 보릿고개
청보리 까끄라기
새색시 하얀 손이 따갑다

배고픔보다 정이 더 고픈
열아홉 시집살이
빈 절구에 서러움 찧으며
허기를 달랬지

흰쌀밥 한 술이 고파
조팝꽃 쓰다듬던 봄날은
사람보다 부뚜막이 더 따뜻했지

물배로 잠서리 맞은 밤
소쩍새 따라 울다가
물항아리 이고 가던 우물길
달빛보다 조팝꽃이 더 밝았지

이팝꽃

무쇠솥 가득 하얀 쌀밥
구수한 냄새 입맛이 돌고
보기만 해도 군침 삼켰지

보리 이삭 익어가는 오월
이팝꽃 숭어리 쌀밥꽃이다

'배불리 먹고 힘내서
보릿고개 넘어가자구요'

엄마 시래기 된장국 한 그릇에
풋바심 보리밥, 허기 달래던 그 시절

왜 이리 가슴 아리고
눈물 나도록 그리운 거야

웃음 처방전

팔팔하게 살아왔다는 88세 할머니
갑자기 무릎이 아프기 시작했다네요
무릎 통증 치료약 얼마간 복용 했더니
혈압이 정상 수치를 훌쩍 넘었답니다

혈압강하제 복용으로 한숨 돌렸나 했더니
발등이 소복이 붓는 부작용 나타났답니다
부기 빠져라, 이뇨제 복용했다네요
세 번째 부작용 요실금 증세가 나타났답니다
요실금 치료에 항콜린제 처방받았더니
안구 건조증 따라왔다네요

한 움큼씩 입안 가득 약 배만 불렀답니다
무릎 통증에 고혈압 부종에 요실금도 무서운데
눈물마저 말라 울지도 못하는 슬픈 노년
어디서 평안을 찾고 무엇으로 낙을 삼을까요

밀물처럼 떠도는 99 88 처방전 건강 상식 백서

그중 으뜸 처방약은 웃음이라네요
심술쟁이 약물로 일그러진 얼굴 연분홍 복사꽃 피고
뒤울안 텃밭에 쌉싸래한 도라지는
보랏빛 웃음꽃을 피웠다지요, 그랬다지요

논픽션

– P 여사의 손

훤칠한 키에 둥글넓적한 얼굴
시원시원하고 후덕해 보이는 여인
듣기 편한 중저음의 목소리
친절도 요란하지 않아 가까이 오가던 P 여사
좋은 이웃이라 생각했다

동네 가을 잔치 벌인 날 네 집 내 집 가리지 않고
크고 작은 그릇이랑 조리기구 등을 빌렸다
P 여사 얼굴 닮은 프라이팬도 빌렸다

남은 음식 이웃 어른들에게 봉송하고
한숨 돌려 쉬려는데 반갑잖은 전화 소리
흠집 생긴 프라이팬 새것으로 물으란다
보일 듯 말 듯 넘어갈 만도 하건만 기어이 물으란다
한 번, 두 번 허탕 치고 세 번째 AS
돌려줄 땐 열 받쳐 가을 하늘도 빨갛게 물들었다

두어 달 후 바깥출입도 뜸한 초겨울 아침

겨울 채비 서두르자, 문밖을 나서는데
칙칙한 영구차 한 대 마을 길을 지난다

그렇게 정정하더니 사람 일 모를 일이구먼
아들딸 멀리 두고 홀로 살던 P 여사
알뜰하고 수리 밝아 돈푼 모아 살만했지
'쯧쯧 아들네만 좋은 일 시켰지'
제멋대로 지지고 볶는 소리, 입맛이 쓰다

빈손으로 왔으니 또한 그 같이 빈손으로 가는가?
지짐 팬도 두고 가는 길고 하얀 P 여사 손을 떠올리며
후덕하지 못한 부끄러운 손, 주머니 속에 감춘다

참깨에 속고 참깨로 속이다

보암직하고 먹음직한 반찬들이 눈길을 끈다
보암직해서 들여다보고 있으면 입맛 돌고
살 마음 없어 지나쳐 가려다가도
먹음직해서 몇 가지 사게 되는데
그 보암직, 먹음직하게 하는 역할을
뽀얗게 볶은 참깨가 한다

취나물 콩나물 시금치나물 도라지무침 더덕구이
배추김치 열무김치 총각김치 물김치 깍두기 외소박이
볶은 참깨 듬뿍 뿌린 반찬들 한층 맛깔스레 보인다

오물쪼물 반찬 몇 가지 만들어
마음 가는 손길에 건네주면 좋겠다
볶은 참깨 듬뿍 뿌려 보암직, 먹음직한
깜짝선물에 속아 주는 우정이라면
속이고 속여도 괜찮겠다는 나의 생각이다

떠나간 꽃을 그리워하지 마세요

장미꽃을 사랑했던 젊은 날은
추억의 갈피에 접어두세요

백합꽃을 좋아했던 순수함은
그리움의 액자에 넣어두세요

꽃구경 간 이들 기다리지 마세요
앞산에 가을물 든 단풍은 꽃보다 곱지요
내 안의 나를 깨워 홀로서기 하세요

사람 소리 그리워지는 황혼 녘
새들도 창공 높이 날개를 펼치죠
등짐 없는 날갯짓, 아! 가벼운 노년

접어주는 사랑

봄 햇살 아른거리는 장다리꽃밭
꿈을 찾아 날아온 노랑나비 한 쌍
장다리꽃에 앉아 날개를 접는다

접어주지 않으면 사랑 아니야
메마른 꽃밭엔 꽃도 피지 않아
꽃피우지 않은 꽃밭 나비도 날지 않아

접어주는 마음 꽃보다 예쁜 마음
해바라기 하며 날개접기 하는 노랑나비
장다리꽃도 꽃잎 접으며 씨앗을 품는다

노랑나비 정겨운 꽃밭에 살면 살으리
주고받는 나비 사랑 따라 배우며
장다리꽃밭에서 노랗게 나비로 살자

셋

(3)

매미의 언어를 해석하다

맴 맴 매~앰

세상아 들으라
귀 기울여 듣고 마음 판에 새겨라

백 년을 자랑하지 말고
천 년을 외치는 하루를 들으라

초록별이 몸살이 났다
머뭇거릴 시간이 없다

싸움은 이제 그만
초록별을 살려야 산다

맴 맴 매~앰

주초위왕(走肖爲王)

참 유치하고 어리석은 수법이다, 그치
응 나도 그렇게 생각해

그럼 21세기는 어떤 방법을 쓸 것 같아
밤 쥐는 깊은 잠에 들게 하고
낮 새는 훨훨 바다 건너로 날려 보내는
비책을 쓰지 않을까, 그런 다음

기록 상자는 깊은 곳에 처박으면 끝
한 일백 년쯤 지나면
님가 삼가 홍가 그리고 조가도
어린 철부지들만 살아 있을 테니
할아버지 관련된 사건의 전말을 알 리 없지
또 알아보려는 위인도 없을 것 같고

그리고?
빛바랜 역사는 삭아 내리겠지

두껍아, 두껍아!

두껍아, 두껍아!
무엇하니? 밥 먹는다
무슨 반찬 나물 반찬
무슨 나물 돗나물

두껍아, 두껍아!
맛있니? 맛없어
맛없으면 뱉어
뱉으면 살고 삼키면 죽는다

죽으면 끝나겠지, 죽음은 끝 아니야
끝 아니면 뭐야, 무서워 말 못 해

두껍아, 두껍아!
뱉든지 삼키든지 선택은 자유야
자유는 책임이야

두껍아, 두껍아!
삼키기 전 위를 한번 바라봐
맑고 푸른 하늘 거울 같아라

폭포의 꿈

정상에서 수직으로 쏟아지는 폭포수
골짜기를 지나 강물이 되는 물의 행로
흐르는 물에는 빙점이 없다
빙점이 없는 곳에서 꿈은 자라지

땅의 열기로 숨 막히는 놀이터
솟아올랐다 흩어지는 물보라로
순간의 박수나 받고 끝내기에는
폭포의 꿈은 깊고 푸르다

별보다 높고 바다보다 깊은 소망
낭떠러지 두려움도 부서지는 아픔도
꿈의 날개를 접을 수 없었으리

낮아지며 흐른 물이 바다를 만나듯
낮추고 비운 마음들이 하나 되는 곳
폭포는 존귀한 나라를 꿈꾼다

존귀의 나라는 겸손이 왕이 될 것이다

거짓말 같은 거짓말

국민이 잘사는 나라를 만들겠습니다
국민은 나라의 주인입니다
국민의 주권을 존중히 여기고
국민 위에 군림하지 않겠습니다

과거에 듣던 소리
지금도 듣는 소리
앞으로 들을 소리

아침잠을 깨우는 까치 소리 반갑고
연미복신사 제비 소리 박씨 물고 온다네
公約이 空約 되는 소리 헛배만 불러라

빗소리

땅이 흔들리고
하늘이 울린다

번갯불 천둥소리
어둠이 놀란다

한숨 고르더니
장대비 쏟아진다

오시는 이 뉘십니까?
黑歷史를 고쳐주소서

가시밥

밥 먹자는 말에 혹하지 마라
어떤 밥에는 가시가 있다

큰 가시 눈으로 찾아내고
작은 가시 혀가 가려낸다

혀 잘못 놀리면 입안의 가시
나 잡아봐라, 숨바꼭질하지

가시, 목에 걸리는 날은
딱 걸리는 날이다

가시방석에 앉을지언정
가시밥은 먹지 마라

사방치기

치열하게 차고 건너뛰었지
해 떨어지고 땅거미 지면

'밥 먹어라'
엄마 부르는 소리

싹싹 땅 금 지우고
발차기 망은 멀리 던져버렸지

네 편도 내 편도 없지
울 일도 웃을 일도 끝났지

제각기 제집 찾아가
씻고 잠들면
하룻밤 꿈인 것을

남산 타워

남산 타워 첨탑이 하늘을 찌른다
솟아올라 쏘아대는 전파 중계탑
세상의 눈을 끌어모으려는 수작이지

고집 센 첨탑 호기롭게 찌르지만
매양 찌른 것은 하늘 아래 허공일 뿐
가이 없는 푸름과 높음이 상처를 받겠는가

부러워 쳐다보는 철부지들 딱하다
먹구름이 몰려와 첨탑을 덮어버린다

그래도 자신만만 호기를 부렸으니
떠도는 구름 한 자락 걷어다가
산 아래 어디쯤 향방 없는 성난 주먹질
정수리부터 발끝까지 덮어버려라

티 없이 맑은 하늘 높이 올라 까마득하다

문턱 높은 집

삶이 팍팍한 손에 검정 우산 하나 들렸다
번쩍이는 회전문 안으로 빨려 들어간다
검정 우산 맡기고 받은 얇은 통장 하나
무언가 찜찜한 듯 일그러진 얼굴들

일기예보 믿은 게 잘못이지
야속하게 쏟아지는 빗줄기
돌아보니 입 닫은 무심한 철문
머리부터 발끝까지 주룩비에 젖는다
하늘 향해 주먹질은 미친 짓이다

자동문 쉬지 않고 표정 없이 돌아가고
터지게 빨려 들어가는 다급한 발걸음
검정 우산 하나씩 돌려받고 흐뭇한 웃음

비 그친 강렬한 햇볕 아래 땀비 흐른다
청정 하늘 부끄러워 양산 아닌 검정 우산 펼쳐 쓰고

핏기 잃은 얼굴 가린 채 터벅터벅 휘청거리는 오후*
높은 문턱 넘나든 고단을 낮달이 위로한다

* 박완서 소설 제목 인용

경칩에는

깊은 겨울잠에서
개구리가 깨어났다고?
벌레들이 꿈틀한다고?

아무렴 그러겠지

대지가 기지개 켜는 소리
지구의 들숨 날숨에
태양이 찬란하게 뜨고 지는데

사람아, 드넓은 들로 나가자
따사로운 햇살 언어로
먼저 흙을 깨우러 가지 않으련?
영장이니까

우수절(雨水節)

차돌보다 단단하고 차가운 얼음장아
스르르 몸 풀고 다문 입 열면 좋겠네
아집이 황소 뿔이라 해도
흥망을 분별 못 하는 청맹은 되지 말아야지
고집뿔 스스로 뽑으면 두 번 좋겠네

하늘 아래 순리를 거스를 역리는 없지
버틸수록 등짐 무게만 더해질 뿐
지은 매듭은 엮은 손이 푸는 게 옳아

지구의 공전은 빙점을 지운다
웅크린 대지도 몸풀기를 시작하고
갇혔던 강물이 자유를 찾는 우수절

햇살은 하늘 내린 온유한 사랑
아른아른 봄빛에 꽃눈도 해바라기 하지
물거울에 비친 결 고운 흐름 보고 싶어라

쥐똥나무

볼품없는 몸매 더러운 이름표 달고
검은 먼지 매연에 콧속 헐었다
거친 아스팔트길 수벽으로 서서
울컥 쏟아지는 눈물 달빛 등지고 삼켰다

사시사철 체온조절 걱정 없고
자양 듬뿍 보양식에 육각수 넘치는
무풍 온실 속은 얼마나 행복한 곳일까

계절의 변화도 모르는 전설 같은 곳
부러우면 안 되는 거다
달리는 바퀴도 무섭지 않은 쥐똥나무
두려움은 떠나라, 깊이 뿌리를 뻗어 내린다

별들도 잠든 깊은 밤
갈지 자 걸음으로 기대오는 때 절은 얼굴
잘린 꽃가지 설움은 오래전에 잊었다
서러운 쥐똥나무 타래타래 꽃숭어리
고단한 삶에 전하는 으뜸 향기는 순백이다

절벽을 고발한다

절벽을 만나본 적 있는가
절벽을 만나거든 빨리 돌아서라
벽은 바람막이가 되지만
절벽 끝은 소망 없는 낭떠러지다

절벽은 하늘도 땅도 없다
보이는 눈도 감고 못 본 척
들리는 귀도 막고 못 들은 척
절벽의 다른 이름은 벽창호다

하늘 아래 홀로 외로운 바위
제 곳으로 갈 때 아끼는 자 없으리

넷

(4)

봄 여름 가을 겨울 그리고 세상

유년

눈밭을 헤치고 돋아나는 새싹
빛나는 미래 새 희망이 보인다

청년

태양의 열기, 물오른 늘푸른나무
튼실한 기둥감, 젊음 우뚝하다

장년

나눔의 꿈으로 아름답고 알찬 결실
땀으로 일군 가을걷이 든든하다

노년

드넓은 대지, 눈 내린 고요한 평야
세월을 관조하는 지혜가 넘친다

세상

사람의 계절, 하늘 높다고 콧대도 높아
모두 입 다물고 한 계단 내려서기

아이야, 어깨를 펴라

아이야, 어둠을 두려워하지 마라
어두운 밤이기에 별은 빛나고
착하게 빛나는 큰 별 하나

꿈이 없는 백성은 망한다 했으니
별을 보며 높은 꿈을 품어라
하늘 보며 푸른 꿈을 펼쳐라

내일 다시 떠오르는 찬란한 태양
새 아침의 문은 네 앞에 반드시 열리나니
또 하루를 새롭게 맞으면 되는 거야

높은 산은 여전히 우뚝하고
강물은 쉬지 않고 바다로 흘러간다

어둠 속에서 빛나는 별을 아시나요?

하늘에 별들의 눈이 반짝이면
마음이 달뜨는 땅의 후보별들

어두운 곳에서 별은 빛나건만
밝은 곳만 찾는 미련한 후보들

별을 닮아보려는 별 눈짓은
빛 밝은 대낮에는 헛짓이라네

빛나는 금빛 반짝이는 별빛
두 손에 다 쥐겠다면 위험한 처방

금빛으로 빛나기를 바라는가?
빛 가운데로 나아가 서라

별빛으로 반짝이려 하는가?
어둠 속으로 걸어가라

따스한 햇볕이 그리워서
목을 빼고 기다리는 눈물 속으로~~

별 따기 놀음

별을 따려고
높은 산 높은 나무 오르기 전에
세 번쯤 기도하라

간사한 웃음을 믿지 마라
오르라, 하고 밑에서 흔드는 두 마음 있지

땅에 떨어진 과일 피멍 들었다
헛된 꿈은 속 빈 풍선 같은 것

별을 따려거든 골방으로 들어가라
스스로 별이 되어 참빛으로 빛나라

겨울나무 기도

봄부터 여름까지
푸르게 푸르게

울긋불긋 단풍잎
가을빛에 고와라

한 잎 두 잎
새 떼로 날아간 잎새

겨울나무 홀로
눈바람에 추워라

아무러면 어떠하리
두려워하지 마라

하늘 향해 올린 두 손
단풍보다 아름다워라

듣기는 속히 하고 말하기는 더디 하라

금보다 귀한 말씀 잠언을 읽다가
진리의 문지방에 넘어져
코가 깨졌다
다스리지 못한 조급증
치유받는 순간이다

끝까지 듣지 않고
아니 아니 가위표 치기
이어지는 대화 허리 자르기
무르익어 가는 이야기
찬물 끼얹기

깊이 생각하지 않고 말을 앞세우면
발보다 몸이 앞서가는 奇形像이라
일찍이 일러주신 어머니 말씀

대화의 첫째 기술
속히 들어주기로 방향 바꾸기

한 뼘쯤 물러앉아
'그렇구나' 장단 맞추기

낮은 소리로 천천히 살짝
짧은 유머로 분위기 살리기

참새에게 묻는다

어떻게
하고 싶은 말을
다 쏟아내고 다니니?

그렇게
속에 있는 말 다 뱉으면
네 속은 시원하냐?

그리고
솔직을 핑계로 말 팔매질 하고
네 팔은 멀쩡하냐?

한 번이라도
돌 맞은 속 얼마나 쓰리고 아플지
깊이 생각해 봤니?

경우에 합당한 말은
아로새긴 은쟁반에 금사과

말 많은 사람들이 모였습니다

말에 점점 힘이 실립니다
말에 모서리가 생겨납니다
말에 가시가 돋아납니다

궁사의 화살은 몸에 박히지만
말 화살은 가슴에 박힙니다
말씨에 맞은 상처는 덧이 납니다

지혜로운 말은 양약과 같답니다

하루살이

폼 나게 하루를
살아보고 싶었다

부지런히 날아다니다가
파리채를 만났다

하마터면 죽을뻔했다
부글부글 끓어올랐다

아무리 분해도
하루는 참으라는 음성

눈 한 번 꾹 감고
하루만 참아보자

어차피
하루살이 일생인 것을

모여라, 그 하루 동안

우리 잠언을 읽기로 하자

외로운 가을날

사람은 모두 외로운가 봐

젊은 엄마들
외로운 수다를 떨다가
허전한 쇼핑백 둘러메고
사재기 나선다

정자나무 아래
외로운 노인들
빛바랜 금송아지 잡아
나누어 먹는다

홀로 창가에 기대 선다
잔디밭에 노란 색칠을 하던
눈치 없는 가을 햇볕이
나의 외로움을 건드린다

햇살에 찔린 가슴을 안고
골방으로 쫓겨 들어가 엎드린다
하늘 문 열리고 주의 음성 들리다

헌물

내 것을 드린다고, 드렸다고
또 드리겠노라고
어깨 으쓱이며 자랑했습니다

깨닫기까지 오래 걸렸습니다
내 것은 원래 아무것도 없었다는 것을

그럼에도 인색이란 의자에 앉아
하늘 높은 줄 몰랐습니다

하나님! 어찌 그리 오래 참으셨습니까?

세 번쯤 기도하라

은도 금도 따라가지 마라
그것들의 속성은 언젠가
꼴값을 한다는 것이다

이 세상 누구도 그 꼴값
눈 뜨고 보기 힘들다는 명언

기우는 널뛰기 하지 마라
엇비슷해야 탈이 없다

이해하고 참아주면 된다는 생각
푸른 콩깍지 착각이다

꼭 그 길을 가야 한다는 고집이면
서른 번씩 세 번쯤 기도하라

봄꽃에게

진달래 개나리 산수유
봄이 왔다는 소식 듣고
콧속에 봄바람 들었다

'봄이다, 집 나가자'

쬐그만 것들이 겁도 없이
까불고 있다
철부지 소리 하지 말고
어서 집으로 돌아가거라
아빠가 기다리신다

꽃차례 따라 방글방글 송아리 꽃
착하게 피어 있기에
사람 사람들 나들이로 찾아와
사진도 찍어주고
예뻐 예뻐 쓰담쓰담 하는 것이란다

집 떠나 혼자 떠돌아다녀 봐라
누가 너를 알아보고 예뻐라 하겠느냐?
어서 집으로 돌아가
싸우지 말고 착하게 놀아라

손님을 초대하세요

집 안에 먼지가 쌓였거든
손님을 초대하세요
손님맞이는 청소부터 하지요

별식이 먹고 싶으면
손님을 초대하세요
그를 위해 만나를 준비하니까요

서러워 눈물이 나거든
손님을 초대하세요
하얀 손수건 손에 들고 오시는 손님

외롭고 쓸쓸할 때는
손님을 초대하세요
그가 부른 사랑 노래 위로랍니다

두려움이 몰려올 때는
들려오는 온유한 주님의 음성

"나의 평안을 너에게 주노라"*

* 요한복음 14:27

나누기 대청소

버리는 생활 습관 박수받는 시대
버리는 짓이 악덕인 시대는 가라
요즘 여자 버리는 일에 용감하다

옷장 열고 묵은 옷 솎아낸다
데려올 땐 언제고 내쫓는 심보는 무어냐?
분홍재킷 눈물 흘린다
초록바지 집게 붙잡고 통사정이다
애꿎은 양말짝 뒤적이다 밀어 넣고, 끝

주방 수납장 열씬도 말라고
칸칸마다 입 다물고 돌아선다

냉장고 앞에 서면 낯 뜨거워라
알고도 안 먹은 과일
몰라서 못 찾은 견과류
아직은 괜찮다고 얼려둔 곡국
무엇인지 모르는 검은 봉지들

구석구석 쟁여두고 장보기 또 장보기
쌓는 버릇 못 고치고 속을 꽉 채운 여자
버리지 못하는 미련이라 불러도 괜찮다
마음 비우고 나누기 대청소 지금 시작이다

다섯

(5)

노을빛 사랑아

노을이 유난히 곱게
빛나던 가을

아프도록 아름답게
떠난 사랑아

오늘도 노을빛은
붉게 타는데

그대 사랑
어디서 식어가는가

넝쿨장미

오시려나 아니 오시려나
담장 넘어
목마름으로 기다립니다

가시에 찔리는 아픔도
이겨내신 당신
순종의 향기로 섬기겠습니다

가시 채도 막지 못한
신실한 사랑
꽃잎마다 발갛게 새겼습니다

얼음새꽃

갈길 서두르는 잔설 식은땀 흘리고
꽁꽁 언 땅 몸을 풀기 시작한다
얼음새꽃 심장은 백일홍보다 뜨겁다

불평하지 않고 들레지 않고
온유로 한겨울 잘 참았어

엄마 품속 같은 포근한 봄 산에
행복을 알리는 얼음새꽃
밝은 세상 샛노랗게 웃어라

해바라기꽃

– 졸혼

낮에는 해바라기
밤에는 사랑바라기

희로애락 반세기
백 년은 너무 길어

이제 그만하자
너와 나

반백 허리 뚝 꺾인
해바라기꽃

영글지 않은 씨앗
잿빛 쭉정이

소망 없는 반토막
아궁이 깡마른 땔감

와이육(蛙二肉)

꾀꼬리와 까마귀가 해보나 마나 한
노래자랑을 하기로 했다
꾀꼬리는 날계란을 깨 먹으며 연습에 열중했다
까마귀는 까악까악 들로 산으로 바삐 돌아쳤다

드디어 노래자랑 시간
번호표 달고 나란히 앉은 꾀꼬리와 까마귀
꾀꼬리는 목청 다듬어 청아하게 노래 불렀다
까마귀 그 특유한 음성은 듣는 귀가 괴로웠다
황새 선생 심사는 공정할 거라는 사회자의 말

꾀꼬리는 초조하고 까마귀는 태연했다
드디어 심사 끝, 발표 시작
1등 까마귀, 꼴찌 꾀꼬리
어이없어 울지도 못하는 꾀꼬리
까마귀 좋아라 팔짝팔짝 뛰며 한 곡조 뽑는다

까마귀 친구들 몰려와 축하 꽃다발 전하며

그나저나 꾀꼬리 노래 연습할 때
너는 어디를 싸다녔니?
개구리 두 마리 잡으러 다녔지롱

그 후 황새 선생 배가 점점 부풀어 올랐다네요
가쁜 숨 몰아쉬며 억 소리 나는 토악질 했다지요
당황한 까마귀 방향감각을 잃은 채
흙빛 얼굴로 땅바닥을 기었답니다

멀리 산속에서는 꾀꼬리
낭랑한 노랫소리 들려왔습니다

오월 산책길에서

젊은 엄마 품에 안긴 아가
아빠 손잡은 아장아장 형아 아가
귀여움에 끌려 그냥 지나치지 않는다

어디 보자, 아가야! 눈 맞춤 하면
청빛 하늘과 보랏빛 라일락 향기와
살갗에 닿는 햇솜 같은 훈풍과
젊은 부부의 행복한 웃음이
우주 갤러리에 한 폭의 명작으로 뜬다

왜 어째서 아기 낳기 싫다 하는지
모르고 또 모를 일이다
얼마나 이쁘고 귀여운지 상상이나 해봤니

뱃속 아기 태동을 시작할 때 경이로움
산고를 겪으며 순산을 했다는 안도감
엄마 품에 안겨 눈 맞춤 하며 옹알이다가
젖을 물고 잠드는 꽃보다 예쁜 아가

세상에 이보다 아름다운 그림이 어디 있으랴

마음 한번 바꾸면 참 행복을 경험할 텐데~~
아가 안고 황홀감에 잠긴 산모에게 축하를 보낸다

도토리거위벌레 이야기

더위를 따라 녹음이 한껏 짙어진 8월 초
그늘을 찾아 야트막한 산길을 가볍게 오른다
풋도토리 서너 알씩 달린 떡갈나무 생순가지가
댕강댕강 잘려 나무 밑에 널브러져 있다

미운 청설모 두 마리 나뭇가지 건너뛰며 재미나고
어린 도토리를 잃은 속수무책 떡갈나무 불쌍하고
대책 없는 나는 다람쥐 겨울이 걱정돼 발길이 무겁다

산을 좋아하는 산사람은 심성이 곱다
도토리거위벌레 이야기를 들려주고 지나간다

미안해, 귀여운 털보 청설모야
도토리거위벌레를 용서하기로 하자
알을 낳아 아기를 키우려고 그리했단다
다람쥐와 사이좋게 지내라고
손 인사를 보낸다

연한 도토리를 뚫고 알을 낳는다니 참으로 놀랍다
아기 낳기 싫어하는 젊은 부부들 생각이 겹쳐
집으로 가는 발걸음이 가볍지만은 않다

특별한 여름나기

올여름 더위가 심상치 않다
유월 초순이 한여름 더위를 이겨먹을 기세다
어차피 견뎌야 할 더위 과천부터 겁내지 말자

은하 강물 흐르고 별이 쏟아지는 여름밤
이슬 내려 살갗이 촉촉할 때까지 이야기꽃 피던
멍석자리 그 마당 그리워하며 시원하자

유월엔 좀 더워도 참아야 하지 않을까
포탄의 화염 속에서 나라를 지킨
용사들의 희생을 떠올리며
매운 눈물 한 줄금 뜨겁게 흘려보는 것도
의식 있는 여름나기가 될 터이다

왕골 돗자리 깔린 대청마루, 아른아른 세모시 적삼
합죽선 바람에 낮잠 부르는 호사는 뒤울안에 숨어라

하늘을 이고 이 땅을 밟고 사는 우리는 사람이다

사람아, 이 땅에 살고 있음에 감격하여 한 계단 내려서보자

칠팔월도 힘이 솟아 계절을 아름답게 가꿔주겠고

이름도 예쁜 소슬바람 앞세운 풍요의 시월을 기다리면

호흡도 고르게 품격 있는 여름나기가 될 터이다

비를 두려워하지 않는 사람

오전 흐림 오후 비
후드득 빗방울 떨어지기 시작한다
준비성 없는 사람 속수무책 비를 맞는다
비를 피하는 모습 성격 따라 다른 것 같다
적진을 돌진하듯
머리를 앞으로 빼고 달리는 멧돼지형
쓴 약을 넘기고 양미간을 찡그리듯
원망 섞인 얼굴로 하늘 쳐다보는 밴댕이
이런저런 모습이
웃음 짓게 하는 비 내리는 날

비 맞는 것 아랑곳하지 않고
빗물이 뼛속까지 스며들랴, 느긋하게
붉은 신호등 앞에서
머리 곧게 들고 서 있는 한 사람

그의 일상은 얼마나 떳떳하며
유유자적한 나날일까

담백한 음식 훗맛 같은 개운함
막힌 속이 확 뚫린 듯 시원함을 느끼는데
물인지 술인지 불어 터진 얼굴이 겹쳐 보이고

점점 굵어지는 빗방울
그런저런 얼굴 위로
마구 빗금 쳐대는 빗줄기

외나무다리

나는 지하철 타려고 엘베로 내려가고
그는 올라가는 엘베 타려고 서 있었다
자주 오가지 않아 궁금했는데
반가움에 손부터 잡고 안부를 물었다

내가 사는 동과 그가 사는 서
두어 시간 정도 달려야 오갈 수 있는 거리
오다가다 만나기 쉽지 않은 지리적 조건
흔히 일어날 수 있는 일은 아니다

'웬수 외나무다리'는
아주 희박한 확률이지만
언제 어디서 누구와 어떤 모습으로
만나게 될지 모르는 일인지라
낯 뜨거울 일 만들지 않고 살아야겠구나
생각 깊은 하루였다

검은 마스크 검은 모자 눌러쓰고 다니는 사람아
외나무다리 원망하지 마라

무소식이 희소식

소나기 한 줄금 지나가고 맑게 갠 하늘
저녁 바람 시원해서 산책하기 좋겠다

호젓한 길을 걸으며 늙음에 대해 생각한다
붉은 노을빛이 어둠에 밀린다
쓸쓸함도 즐길 나름인 것 같다, 괜찮았다

두어 달 연락 없는 친구에게 전화를 걸까
핸드폰을 켰다 낯선 문자 한 통

'○○○ 님께서 금일 오전 ○시에 소천했습니다'

오랫동안 많이 아파서 고생했다는데, 짠하다
가슴 한쪽이 빈 듯 흐르는 눈물도 힘이 없다
무한 세월 덧없는 인생
그의 아픈 날이 좀 길었다는 생각이 든다

소식 없는 친구들은
잘 지낸다는 희소식으로 알아도 될까?

바보 의자

낡은 의자에 낙엽이 앉아 있다
등 굽은 외로움이 보인다
찾아오는 이 없어
먼 하늘만 바라보는 쓸쓸한 저녁

무거운 짐에 눌린 일생
굽은 어깨가 보인다
평생 참은 황소 울음이 들린다
평생 착한 바보가 보인다

바보 의자에 앉았던 낙엽
노을 따라가고 가을이 저문다

반올림

하나는 적은 것 같고
둘은 좀 부족한 듯하여
셋으로 올린다
그제야 마음이 편하다

넷은 어색한 인상이고
다섯으로 채우자
내 마음 네 마음
따뜻한 정이 오간다

일곱은 꾸밈이 섞인 것 같아
여덟은 또 다른 인색 아닐까
망설이지 않고 열까지 올린다

드넓은 풍년 들녘에
벼 이삭이 노랗게 고개 숙인다

건강한 자존심

늙으면 친구가 재산이라고 버릇처럼 읊었다
친구는 밥 먹어야 정이 든다고
젊어서부터 밥을 자주 사던 우리 집 남자

피서 못 간 아쉬움 가을 여행으로 달랜다고
의논차 친구 만나러 어깨 펴고 나가더니
밥 대접도 안 하고 비 맞은 낙엽으로 돌아왔다

동행할 줄 믿었던 친구들 이런저런 핑계로
절반이 불참이라 그만두기로 했단다
친구들 핑계가 섭섭했겠다 싶어 짠했다
헛물 속앓이로 두문불출, 보기 딱했다

친구들 불러 속풀이 한 상 차릴 요량으로
장바구니 꺼내 들고 장보기 나섰다
음식 준비로 시끄러워도 방문 한번 안 열더니
우르르 몰려온 친구들은 반갑게 맞이한다

친구 불러 집밥 대접하는 걸 좋아해서
때때로 하던 짓을 오랜만에 해봤다
진짜 진짜 좋은가 보다
고맙다, 미안하다, 속 깊이 감춰둔 문장도 꺼내고
손도 잡아주고 등도 토닥여 주니 성공한 상차림이다
더 놀랄 일은 설거지를 하겠다고 앞치마를 두른 것이다

살아온 평생 처음으로 받은 설거지 선물
남자라는 뿔을 뽑아버린 건강한 자존심, 멋지다
올가을엔 들꽃 한 다발 받아볼 것 같아 가을 향이 짙다

용서해 주세요

– 남편은 아픈 사람

몸은 아프고 마음은 슬픈 남자
보면 불쌍하고 안 보면 더 불쌍한 사람
이런 남자의 여자는
참을성 없고 세심하지 못해서
돌봄에 서툰 여자

앉아 있을 때나 누워 있을 때나
깨어 있을 때나 잠잘 때나
반찬 투정할 때나 맛있게 먹을 때나
화를 낼 때나 순한 눈으로 바라볼 때나

한결같은 마음으로
입장 바꿔 이해하고 참아주고 맞춰주며
아픈 남자 슬픈 남자 덜 아프고 덜 슬프게
주님 마음 본을 받아 애쓰고 힘써야 하는데
마음 따로 돌봄 따로 전혀 간병에 서툰 여자

내가 나를 봐도 맘에 든 것 하나 없어

내 마음이 더 아파서 내가 내가 미워서
내 마음에 슬픈비가 내립니다

“항상 기뻐하라” 하신 말씀 순종으로 받아
기쁨까지는 아니어도
온유한 마음으로 상냥한 말씨로 다정한 손길로
참고 참고 오래 참고 다져 먹은 맘 변함없이
아프고 슬퍼서 불쌍한 영혼 편하게 섬겨야 하는데
가슴 칠지라도 틀림없이 뿔 솟을 날 있을 거예요

지체 없이 엎드리게 하시고 다정한 음성 들려주세요

“사랑하는 딸아, 내가 너를 용서하노라”

‘하나님! 아버지 품에 안겨
쉽게 쉽게 한번 울어도 될까요?’

4월 이야기

들어보세요
아주 기이한 일이 일어났답니다
죽었던 사람이 살아났다는군요
그가 살아날 때 이미 죽었던 많은 사람이
그에게 딸려 함께 살아났다는 이야기입니다

배움이 높은 대다수 지식인들은
있을 수 없는 괴소문이라며 가볍게 넘겼다네요
한편 어리석은 듯 순전한 믿음의 사람들에게
생명의 싹이 돋아나기 시작했다는 후담입니다

어떤 사건이 쟁점으로 떠올랐을 때, 반드시
우와 좌로 양분된다는 것 역사를 통해 잘 아시죠
이 사건도 다를 게 없었지요
생명과 죽음으로 명확히 나뉘었는데
중요한 것은 이에 대한 판결이랍니다

오류가 없는 至嚴한 판결로 내린 두 갈랫길

믿고 따른 지혜로운 사람들은 생명길
헛된 괴소문이라 여긴 오만한 이들은 멸망길

두렵고 떨리고 놀라운 일은
생명과 멸망 사이에 절대 누구도 건널 수 없는
깊은 구렁이 있다는 것입니다

4월 이야기였습니다

임종 연습

오직 한 길 나라의 장래와
국민의 안위를 우선 하셨으며
청렴결백한 공인으로 본을 보이셨기에
자라나는 미래 세대에게는
더없이 참된 스승이셨습니다
역사와 민족 앞에 떳떳한 일생이셨고
그늘진 곳을 그냥 지나치지 않는
가슴 따뜻한 어버이 같은 어른이셨지요

대의를 상실한 채 천방지축 날뛰며
위아래도 없고 좌우 분별도 못 하는 철부지들
ㄸ과 ㄷ을 구별할 눈이 멀어 내일은 없고 오늘만 살던
세상에 태어나지 않았어야 할 미련한 것들이
마지막 가시는 님의 침상 머리에 모여 섰습니다
부디 너그러이 용서하시고 한 말씀 남겨주십시오
평생의 교훈 삼고 바로 살면서 자녀를 가르치고
역사와 후손들에게 부끄럽지 않은 어른이 되겠습니다

오, 하나님! 이렇게 살았고, 이렇게 살겠다는 인간
어디 없습니까?

사랑아, 삭아내려라

햇살 고른 어느 봄날
예리하게 날 선 칼 하나, 멀리서
얼굴빛 뽀얀 도마 찾아왔다
인정머리 없는 세월은
도마 곁에서 상처만 남겼다

오랜 시간이 지나면 무뎌지려나?
차라리 대장간에 맡겨 버릴까?
상처 입은 도마의 나날은 인내의 연속
시간이 흘러도 변하지 않는 야속한 쇠뿔
모두에게 외면당하는 시퍼런 고집

약이 되는 시간은 길기도 해라
얇아진 손등 툭툭 불거진 핏줄
지문이 다 닳은 마른 손에 느껴지는 온기
측은지심도 사랑이겠지요? 두 줄기 눈물

콩깍지 사랑

물불 가리지 않는 불 같은 사랑
보고만 있어도 가슴 뛰는 사랑
세상 무엇과도 바꾸지 않을 사랑

쉽게 타오른 불 쉬 꺼진다, 했나
콩깍지 사랑은 진정 불장난인가
그리 빨리 꺼질 줄 왜 몰랐을까

콩깍지 콩깍지 푸른 콩깍지
그리 쉽게 벗겨질 줄 정말 몰랐네
오래가는 사랑은 접어주는 사랑

장미 정원 으뜸꽃

꽃처럼 환하게 웃어라

지친 그대, 울고 싶은 그대
우울한 그대, 슬픈 그대
불안한 그대, 죽고 싶은 그대

높은 눈 그대, 자랑하는 그대
시기 질투 불일 듯, 그대
울다 웃는 그대, 웃다 우는 그대
하늘 보고 원망하는 그대

참 맑은 하늘 보고
꽃길 걷는 그대
장미꽃처럼 이쁜 그대

청순미 고운매
꽃보다 곱게 웃는 그대
그대, 장미 정원 으뜸꽃

엄마의 밤바다

노을을 잠재우고
엄마의 바다는 잠들지 못한다

철석철석 가슴 치며
그믐밤을 뒤척이다가

소리 없는 울음으로
검은 밤을 하얗게 씻는다

짜디짠 눈물로
소금꽃 수를 놓아

해 뜨는 바닷가에
한 서린 깃발을 날려 보낸다

궁금증

– 내 탓이요

서울특별시 중랑구, 살기 좋은 지역

중화 중학교가 중화동이 아닌
면목동에 왜 세워졌는지

장안 중학교는 장안동이 아닌
중화동에 왜 세워졌는지
지나다닐 때마다 살짝 궁금했는데

그보다 더 궁금한 것은 예를 들면
강동구에 살면서 강서구를 그리워한다든가
강남구에 살면서 강북구 편들어 박수치는 짓거리
그런 짓들이 궁금하지 않을 수 없잖아

그렇게 그립고 좋으면 그곳으로 가면 되잖아
누가 붙잡기나 한 것처럼 뭉그적거리고
패끼리 모여서 어법에 맞지도 않는 수다를 떨다가
제 성질을 이기지 못해서 고래고래 지르다가

제 물에 쓰러져 기절했다는 말이 떠도는데

누구 탓인지 시시비비를 가려야 하잖아
어디서 속풀이 해답을 찾아야 할까요?

평론

삶의 여정을 시로 그려내다
– 이현민 시인의 시 세계

강기옥(시인, 평론가)

머리말

시를 일정한 형식에 갇힌 글이라고 단정하면 시 쓰기는 어려운 작업이라고 인식하기 쉽다. 일상의 이야기를 낭송하기 편하게 끊어 쓰면 운문이 되고, 호흡의 리듬에 맞게 연과 행을 구분하면 시가 된다. 단순한 언어의 나열이 아니라 의미를 감추고 문장을 압축하여 시적 긴장감을 조성하면 더 좋은 시가 된다. 다윗과 솔로몬의 「시편」이나 공자가 채집하여 묶은 「시경」이 읽기 편하고 쉽게 이해할 수 있는 것은 운문의 틀에 주제를 고정시키지 않고 산문적 운율로 시상을 전개했기 때문이다. 구약의 「잠언」, 「아가서」, 틱낫한과 같은 큰 스님의 법문 등을 훌륭한 시가(詩歌)로 보는 것도 시적인 운율과 낭송하기 편한 리듬이 있기 때문이다.

고대부터 국가의 중요한 행사에 시를 낭송한 전통이 시 쓰기를 편안하게 자극하여 시의 영역을 확대해 왔다. 낭송하기 편하게 호흡이 긴 산문적 요소가 가미 되어 서사시, 극시와 같은 형태로 발전한 것도 그런 이유에서다. 결국 문학의 기원에서 보면 시의 산문적 요소가 수필이나 소설의 모태다. 그 전통이 요즈음에는 낭송으로 살아나 문학의 새로운 장르로 인식될 만큼 낭송 활동이 활발해졌다. 시 창작 의욕을 낭송으로 확산하여 문학 발전의 한 축을 이루기 때문에 바람직한 일이다.

근래에 호흡을 조정하는 산문적 경향이 많이 드러난 것은 낭송의 영향이다. 독자뿐만 아니라 청자와의 교감을 위해서 쉽게 이해할 수 있는 시어와 소재를 택하는 것도 그런 경향의 일면이다. 그러다 보니 은유와 상징 등 시적 기법으로 주제를 담아내는 '의미의 숨김'이 청자의 감흥을 돋우는 드라마적 요소까지 갖추었다. 그래서 시를 1인칭 고백 문학이라 한다. 화자가 자신의 이야기를 진술하는 형식으로 신앙인들의 기도문이나 삶을 되돌아보는 자전적 시에 나타나는 특징이다.

자전적 시는 읽기 편하고 쉽게 이해할 수 있어 독자와의 교감이 쉽게 이루어진다. 수필이 작가 자신의 이야기로 독자와 교감하듯 1인칭으로 진술한 시는 독자가 진솔하게 받아들일 수 있어 그만큼 독자의 감응이 빠르고 깊다.

릴케가 '시는 체험'이라는 정의한 내면에는 시의 진정성을 담보하는 주장이 숨어 있다. 체험한 것만이 진솔하게 정감을 표현할 수 있다는 선각자의 지침 같은 정의라서 시를 감상하는 기준처럼 작용한다. 요즈음 시인들이 어떤 의미로 받아들일지 의문이나 그 정의에 맞는 시를 만나 요 며칠 서재의 밤을 밝혔다.

무던히도 더웠던 여름이라서 더위에 익숙하게 적응할 무렵, 스름스름 신고도 없이 사라져 가는 햇살의 뒷모습이 아쉬웠는데 그 빈 공간을 채워줄 시가 찾아왔다. 가슴에 열불을 질러 놓고 제 홀로 가버린 더위를 대신할 감동이 가슴을 뜨겁게 데워 주었다. 79편의 시를 주제에 따라 5부로 나누고, 각 부마다 맨 앞에 서시를 제시하여 감상의 길잡이 역할을 한 점이 돋보인 시집이다. 노을의 의미를 생각하게 하는 이현민 시인의 시를 감상하며 가을의 분위기에 빠져 본다.

1부
비움으로 채우는 역설의 미학

작품 속에는 작가가 의도하지 않아도 작가의 면면이 드러난다. 특히 시는 소재와 시어, 주제의 진술 등이 세대에 따라 다르고 남성성과 여성성도 분명한 차이를 보인다. 그래서 시 감상은 표현론적 접근으로부터 시작된다. 작가와 작품과의 관계를 주시하여 작가의 체험, 가치관, 교우관계, 성장배경, 신앙 등 모든 사항을 시와 연계하여 읽어내는 방법이다. 자연스럽게 전기적 비평으로 시인의 역사적인 시각을 분석해 내는 폭넓은 방법이 이루어진다. 이현민 시인의 제4시집 『나는 너를 더 많이 사랑한다』도 절대적 비평에 앞서 표현론적 방법으로 접근하여 감상해 본다.

맨땅에 깨금발로
홀로서기 외로워라

아찔 넘어질라
나를 위하여 너를 세운다

너 없는 나를 생각해 본다
딛고 선 땅이 흔들린다

나 없는 너의 하늘은
그 얼마나 노랗겠느냐

너는 나를 사랑한다
나는 너를 더 많이 사랑한다

-「사람인(人)」 전문

이현민 시인은 제3시집 발간 후의 여정을 79수의 시로 묶어 제4시집 『나는 너를 더 많이 사랑한다』를 상재한다. 시는 5부로 나누어 신앙을 저류(低流)로 하는 신실한 삶을 주된 대상으로 했다. 끝까지 초심을 잃지 않으려는 노력이 힘들었기에 머리말에도 편집 과정의 어려움을 고백했다. 그의 시심은 맑고 청아하다. 특히 1부의 서시로 제시한 「사람인(人)」은 1부의 시들이 신앙을 바탕으로 한 인간 존재의 가치를 밝힌 작품임을 암시한다. 감상의 길잡이를 서시로 제시한 독특한 구성으로 감상에 도움을 주었다.

「사람인(人)」의 연과 행의 어간에서 읽을 수 있는 인간 존재의 가치가 철학보다도 더 숭고하게 시학으로 살아 있다. 그 핵심은 서로의 존재를 확인하는 사랑이다. 철학처럼 복잡하지 않게 너와 나의 관계를 밝힌 셈이다. “아찔 넘어질라/ 나를 위하여 너를 세운다”는 2연이 이 시의 정곡이라면 4연의 “나 없는 너의 하늘은/ 그 얼마나 노랗겠느냐”는 단정적 추상이 상호 존중의 의미를 살리는 부연이다. 시의 의미를 전제와 부연으로 단정해 가며 주제를 살려 낸 것이 이 시의 특징이다. 그 특징의 배경에는 상호 의존적인 관계를 사람인(人)의 기호학적 풀이 표현은 시인의 혜안이라 하겠다. 누구나 쉽게 보고 읽는 ‘인(人)’ 자에서 너와 나의 관계를 밝혀낸 인식이 시인의 안목을 알 수 있게 한다.

『나는 너를 더 많이 사랑한다』가 나타내고자 하는 전체 주제는 “맨땅에 깨금발로/ 홀로서기 외로워라”라는 1연의 도입 문장에 있다. 높은 이상을 좇아 깨금발을 올려도 혼자서는 외롭고 힘들다며 함께할 상대가 필요하다는 전제가 깔려 있기 때문이다. 그 주제가 이 시집을 상재하게 된 모티브인 것이다. 나를 위한 네가 아니라 우리를 위한 '너와 나'의 발견이 전체를 관통하는 핵심 주제다.

그 주제는 3연의 "너 없는 나를 생각해 본다/ 딛고 선 땅이 흔들린다"는 너의 절대적 존재 이유에 대한 조건을 제시하는 방법으로 확산된다. 나 없는 너의 하늘이 노랗게 변하는 현상과 너 없는 나의 땅이 흔들리는 상태를 대비하여 서로의 존재 이유를 밝힌 부분이다. 그러더니 마지막 연에서 "너는 나를 사랑한다/ 나는 너를 더 많이 사랑한다"는 사랑의 확인으로 서로의 중심에 자리한 사랑을 확인한다. 남에게 받는 사랑보다 더 많은 사랑을 베풀어야 한다는 깨달음이 아름다운 사회를 이루는 밑거름임을 교훈하지만 결국 하나님에 대한 목소리다. 내가 하나님을 사랑하지만 하나님은 나를 더 많이 사랑한다는 신앙고백인 것이다.

누구의 마음이 저리 맑을까

누구의 자리가 저리 반듯할까

누구의 발걸음이 저리 가벼울까

누구의 가슴이 저리 간절할까

누구의 사랑이 저리 붉을까

허물투성이 노을빛에 부끄러워라

-「노을빛」 전문

한용운의 「알 수 없어요」가 연시(戀詩)라면 이보다 아름답지는 않았으리라. 불도(佛道)로 인생을 달관한 큰 스님이라는 전제가 없다면 이 시보다 더 사색적이지는 않았으리라. 노을에 비친 자신의 모습을 맑지 못하고, 반듯하지 못하고, 가볍지 못하고, 간절하지 못한 허물투성이가 자성의 자리에서 「노을빛」이야말로 자기 사랑의 연시요, 인생을 관조하는 사유의 철학 시다. 가슴 뜨거운 이성에게 이 시를 건넨다면 금방 사랑의 답신을 받았을 것이다.

쉬우면서도 속 깊은 사유가 시 전체의 분위기를 이끌어 시인의 가슴에 남은 노을은 어떻게 물들었을지 궁금해진다.

블레이크의 시 「Night」의 첫 연 "새들은 둥지에서 조용하고/ 난 내 둥지를 찾아야만 하네"와 워즈워스의 시 「Noon」의 "새들은 둥지로 날아가고/ 바람은 기도를 듣는다"는 조용하고 냉철한 현실적 분위기가 겹쳐 온다. 이현민 시인도

「Night」나 「Noon」같이 숙연하게 삶의 현장으로 끌어들여 사색에 빠져들게 한다.

해가 뜰 때의 노을은 희망과 새로운 시작을 상징하지만 해가 질 때의 노을은 고독과 허무, 마무리 등을 상징한다. 그래서 황혼이라고도 한다. 똑같이 빛의 파장에서 비롯된 현상인데 새벽 놀은 어둠 'dawn glow'로 밝아오는 빛을 강조했고 황혼은 'afterglow'로 휘황한 빛 다음에 오는 어둠을 의미한다. 워즈워스나 윌리엄 블레이크가 쓴 시가 저녁을 준비하는 상황이므로 마무리를 서두르는 것도 「저녁놀」에 맞는 상황이다.

이혀민 시인의 놀은 어떤 빛으로 물들었을까. stop의 빨강과 go의 초록에서 잠시 멈추어 인생을 관조해 보는 여백이 필요하기에 중간의 노랑으로 물들어 있지 않을까.

꽃 지는 봄밤이 서럽다 했더니
꽃 진 자리마다 열매 익었네

푸른 욕심 가볍게 벗고 나더니
동서 사방 붉고 곱게 꽃물 들었네

가을 사랑 떠나가 눈물이더니
시월 인연 찾아와 詩가 되었네

-「꽃과 단풍과 시」 전문

이현민 시인의 노을이 노랑으로 물들었으리라는 추론은 이어지는 「꽃과 단풍과 시」「달과 시인」과 같은 작품으로 신빙성이 크다. 서정주의 「국화 옆에서」와 같이 시적 대상을 관찰하고 접근하는 방법이 일상의 형태를 초월하여 감상의 맛을 더한다.

"꽃 지는 봄밤이 서럽다 했더니/ 꽃 진 자리마다 열매 익었네"

비움으로 인한 채움은 종교에서 가르치는 행동 강령의 하나다. 욕심을 부린다고 해서 다 채우는 것이 아니라 비워야 채워지는 순기능의 미학이 「꽃과 단풍과 시」에서 확인된다. 철학자가 아닌 시인은 이미 종교적 가르침이나 철학적 이상을 시로 표현해 내는 능력이 있다.

"푸른 욕심 가볍게 벗고 나더니/ 동서 사방 붉고 곱게 꽃물 들었네"

비움의 결과를 확인하는 구절이다. 시의 실마리를 더 확장하여 펼치는 기서결(起敍結)의 서(敍)에 해당하는 단계다. 2연에서는 구체적인 행동으로 비움의 대상을 제시했다. '푸른 욕심' 참 오묘한 구성의 시어다. 붉은 욕심은 일상적으로 사용하는 언어지만 푸른 욕심은 시에서나 볼 수 있는 용어라서 새롭다. '푸른'의 관형어로 비워야 할 대상을 구체적으로 한정하여 주제를 강하게 부각시킨 점이 눈에 띈다. 푸른색은 젊음과 평화, 권위, 안정을 상징하기 때문에 푸른 욕심은 곧 젊은 날의 욕망에 불타는 명예욕과 안정을 추구하는 욕심을 다

버리라는 의미다. 외형적 의미로는 푸른색을 버려야 다른 색으로 물들 수 있는 여지까지 포함한다.

"가을 사랑 떠나가 눈물이더니/ 시월 인연 찾아와 詩가 되었네"

한 송이의 국화가 피어나기까지 천둥번개와 무서리의 시련을 겪어야 하듯 봄 여름 가을에 겪는 아픔이 한 편의 시로 결실을 맺는 부활의 순환을 시화해 냈다. 봄날에 꽃이 지는 이별의 아픔은 물론 여름날 젊은 기운에 날뛰던 욕심도 내려놓아야 하는 아픈 망설임, 그리고 가을에 모든 것을 떠나보내며 눈물까지 흘려야 하는 아픔 속에서 시 한 편을 건졌다는 고백이 시인의 고뇌를 느끼게 한다. 그래서 윌리엄 블레이크는 "가을은 자연이 가장 풍성하게 말하는 계절이다"고 가을의 특징을 정의했다. 가을을 소재로 한 많은 시들이 기도문과 같은 형식을 취하는 것도 그 때문이다.

2부
질그릇에 담은 보배

후진국 소리를 듣던 시절에는 절약이 미덕이었다. 그래서 독일인의 절약 행위를 들으며 실천을 강요받던 세대는 아직도 물건을 함부로 버리지 못한다. 운동장에 버려진 볼펜을 주워 모으거나 살대가 꺾인 우산을 살펴보는 사람은 하나같이 절약이 미덕이라고 배운 세대다. 쌀 한 톨이라도 아끼던 절약의 풍습이 이제는 낯선 풍경이 되어버린 풍요의 시대, 국민을 계도하는 표어도 이제는 소비가 미덕이라는 구호로 바뀌었다. 대량 생산의 대량 소비, 그 결과는 자연환경의 파괴와 기후 변화로 인한 재해의 발생이다. 그 시대적 변화를 소시민의 눈으로 살펴보는 시선이 있기에 이현민 시인도 절약 교육을 받은 세대임이 분명하다. 그래서 쌀 한 톨의 의미를 담은 「한 톨의 쌀」을 서시로 제시하며 「질그릇」, 「무명 손수건」, 「엄마 비빔밥」, 「남새밭에 눈물비」, 「조팝꽃」, 「이팝꽃」, 「참깨에 속고 참깨로 속이다」, 「떠나간 꽃을 그리워하지 마세요」 등 절약 시대의 서민적인 소재를 14편의 시로 그려냈다.

쌀을 씻다가 쌀알 몇 톨 흘렸다
흘린 쌀을 주워 담아 밥을 짓는다

오늘따라 밥 끓는 소리 구수하다
밥을 푸다가 또 흘렸다
밥알 한 알 한 알 줍는다

눈앞이 흐릿하고 밥숟갈이 흔들린다
밥알이 자꾸 떨어진다, 알뜰히 집어먹고

쌀의 길을 되짚어 농부의 땀을 찾아간다

한 톨 볍씨가 한 움큼의 쌀로 내게 오기까지
햇빛과 바람과 이른 비와 늦은 비
푸른 달빛과 영롱한 별들의 속삭임
밤마다 고요히 내리는 이슬의 맑은 눈빛

온 우주가 담긴 쌀 한 톨은 신비한 작은 우주
뾰족한 말씨를 쏟아내기 바쁜 나의 입
벼 껍질보다 거친 나의 혓바닥
깊고 오묘한 우주의 참맛에 빠지다

-「한 톨의 쌀」 전문

쌀이 식탁에 오르기까지 농부의 손을 88번 거친다 했다. 쌀 미(米) 자를 파자하면 팔십팔(八十八)이라서 쌀을 가리키는 米는 농부의 정성을 수치로 환산한 문자다. 88세 생일잔치를 미수연(米壽宴)이라 하는 것도 상형문자의 의미를 적용한 예다.

어쩌다 흘린 쌀 한 톨을 주워 담아 밥을 지었더니 밥 끓는 소리가 구수하다는 진술은 거짓이다. 흘린 쌀을 주워 넣었다 하여 밥맛이 달라지거나 끓는 소리가 경쾌해질 리는 없다. 과학적인 언어, 사전적인 언어를 구사해야 하는 일반인의 시각으로는 분명한 거짓이다. 그러나 문학적 언어로는 멋지고 정감 있는 표현이다. 남이 듣지 못하는 소리를 듣고, 남이 맡지 못하는 냄새를 맡는 능력은 감성적으로 표현할 수 있는 시인의 특권이다. 그래서 시인은 과학적 언어보다 정서가 담긴 시적 언어를 즐겨 사용하며 그 언어를 찾으려 수없는 번민을 계속한다.

한 톨의 쌀에 대한 시선은 밥을 푸다가 흘린 밥알로 집중된다. 쌀알은 줍기 쉽지만 밥알은 이미 끈기가 돌아 처리하기 곤란한 상태다. 그런데 흐릿한 눈으로 숟가락이 떨릴 만한 긴장감으로 그걸 주워 먹는다. 농부의 땀방울을 생각했기 때문이다. 그 짧은 순간에 자연을 담아 우주를 완성해 낸 쌀의 위대함을 찬양한다. 우주를 담은 쌀 한 톨의 신비를 음미하며 곱지 못한 언어를 구사한 자신을 반성한다. 비싼 밥 먹고 값싼 언어를 구사하는 비논리성을 자책한 것이다.

"온 우주가 담긴 쌀 한 톨은 신비한 작은 우주/ 뾰족한 말씨를 쏟아내기 바쁜 나의 입/ 벼 껍질보다 거친 나의 혓바닥/ 깊고 오묘한 우주의 참맛에 빠지다"로 이현민 시인의 성찰은 이미 우주의 신비를 초월했다. 88번의 땀방울로 맺힌 한 톨의 쌀알에서 "햇빛과 바람과 이른 비와 늦은 비/ 푸른 달빛과 영롱한 별들의 속삭임/ 밤마다 고요히 내리는 이슬의 맑은 눈빛"을 읽어내는 감성이 소비 시대 여유를 낭비로 누리는 이 시대를 경계(警戒)한다.

장석주 시인보다 규모가 큰 우주를 담아냈기에 「대추 한 알」이 무색하게 웃고 갈 듯하다.

보리밥을 먹다가 일어나 고향 우물가로 간다
늙은 웃음으로 반기는 흐릿한 질자배기 지문
거친 보리쌀 대끼던 어머니 손바닥이다

실금 생기면 철삿줄로 테 두르고
진흙 이겨 발라 쓰던 순둥이 바보그릇
실바람만 불어도 굽은 허리 무너질 것 같은
몸과 마음이 허약해진 어머니 모습이다

어머니는 가진 것 없어도 풍요를 품고 산다
귀한 보배를 기르며 배 아픔은 잊었다
보기도 아까워 내놓고 자랑도 삼간다
어머니는 땅의 가치보다 높은 더 귀한 보배를 가졌다
대가를 치르지 않은 귀중한 선물

"우리가 이 보배를 질그릇에 가졌으니"*

이제 우리는 그의 이름을 보배합이라 부른다
진리를 아는 눈만 알아볼 수 있는 귀한 질그릇

* 고린도후서 4장 7절

-「질그릇」 전문

질그릇처럼 투박한 삶 속에서 찾아낸 보석이다. 소박한 일상의 소재들이 마음을 찌르는 시어로 살아나 감동적이다. 괜스레 붉어지는 눈시울에 어머니 얼굴이 겹쳐 오는 것은 왜일까. 질그릇에 투영된 어머니의 영상, 질자배기의 문양에서 어머니의 낡은 손금을 읽어내는 정감이 그 옛날 시골 풍경으로 살아난다. 우물가의 여인들이 정보를 교환하던 수다가 재잘재잘 들리는 듯하고, 보리쌀을 찧는 돌확 옆에 낡은 '바보그릇'이 어머니의 허리에 매달려 무너질 것 같은 느낌이 든다.

그 시절에는 그랬다. 질그릇이 천수를 다해 깨질 듯하면 철삿줄로 동여매는 외과 수술을 단행했다. 진흙으로 만든 약한 질그릇의 수명을 연장시키기 위해서였다. 요즈음의 눈으로는 궁상떠는 행위로 보이겠으나 당시에는 아름다운 풍경이었다. 그래서 3연에서 어머니는 가진 것 없어도 풍요를 품고 산다고 했다. 귀한 보배(자녀)를 기르고 있었기에 아픔도 잊었다고 했다. "보기도 아까워 내놓고 자랑도 삼간다/ 어머니는 땅의 가치보다 높은 더 귀한 보배도 가졌다" 그것은 대가를 치르지 않은 귀중한 선물이라며 은혜임을 적시한다.

"우리가 이 보배를 질그릇에 가졌으니 이는 능력의 심히 큰 것이 하나님께 있고 우리에게 있지 아니함을 알게 하려 함이라." 고린도후서 4장 7절에서 원용하여 보잘것없는 질그릇에 보배가 담겼다고 신분 변화에 대한 감사의 찬양이다. 진리를 아는 눈만 알아볼 수 있는 귀한 보배그릇, 독자는 호흡을 멈춰야 한다. 온 기운을 모아 찬양해야 하는 절정의 순간에 여운은 금물이다.

백발 시어미 눈총보다
더 무서운 보릿고개
청보리 까끄라기
새색시 하얀 손이 따갑다

배고픔보다 정이 더 고픈
열아홉 시집살이
빈 절구에 서러움 찧으며
허기를 달랬지

흰쌀밥 한 술이 고파
조팝꽃 쓰다듬던 봄날은
사람보다 부뚜막이 더 따뜻했지

물배로 잠서리 맞은 밤
소쩍새 따라 울다가

물항아리 이고 가던 우물길
달빛보다 조팝꽃이 더 밝았지

-「조팝꽃」 전문

언어는 위상 관계를 내포한 수직적 언어와 병렬로 나열한 평등 관계의 수평적 언어가 있다. 우리의 문화는 상하의 위계를 밝히는 계급의식이 많아 수직으로 연관된 언어가 발달했다. 외국어에는 그리 중요하지 않은 존비어(尊卑語)가 우리 언어에는 뚜렷한 예의로 살아 있어 사물의 호칭에도 위계가 따른다. 일상어가 그렇듯 짧은 시 한 편에도 의미를 강조하는 주제 연과 이를 부연하는 보조 연이 있다. 이현민 시인의 시에는 위계보다 어깨동무와 같은 평등한 관계로 시상을 전개한 작품이 자주 나타난다.「조팝꽃」이 대표적인 경우다.

조팝꽃은 꽃이 자잘하게 핀 모습이 좁쌀처럼 보여 붙인 이름이다. 빈곤시대의 대표적 상징으로 여긴 것이 조밥, 보리밥이다. 그래서 조팝꽃을 시어머니 눈총보다 무서운 가난의 상징으로 차용했다. 가난을 극복하면 고깃국에 쌀밥을 먹듯 이어지는「이팝꽃」은 조팝꽃에 대비되는 주제를 전달하기 위하여 선택한 소재라서 그 의미가 살아난다.

이 시는 시상의 맺음이 없이 보릿고개에 겪었던 어려움을 감성적으로 나열하여 각 연이 수평적으로 이어졌다. 1연의 '손이 따갑다' 2연의 '허기를 달랬지' 3연의 '부뚜막이 더 따뜻했지' 4연의 '조팝꽃이 더 밝았지'와 같이 4연이 모두 단독형의 서술이다. 한 연 한 연을 떼어내도 모두가 한 편의 시가 되는 구조다. 그래도 시의 통일성을 유지하는 것은 같은 소재로 같은 주제를 제시했기 때문이다. 어느 연을 더 중요하게 강조할 필요도 없는 평등한 관계가 같은 소재로 유기적인 관계를 유지하여 시가 주는 느낌이 편안하다.

시어머니 눈총과 보릿고개, 청보리 까끄라기와 새색시 하얀 손
배고픔과 열아홉 시집살이, 빈 절구에 서러움, 히기 딜램
흰쌀밥 한 술, 조팝꽃 쓰다듬던 봄날, 사람보다 따뜻한 부뚜막
물배 잠서리, 소쩍새 울음, 물항아리 우물길, 달빛보다 밝은 조팝꽃

각 연의 소재들이 기승전결의 관계를 벗어나 연마다 독특한 소재로 분위기를 달리하는 평등 관계다. 보릿고개의 아픈 기억을 백발 시어머니와 새색시의 관계로 설정하여 열아홉 시집살이라는 매서운 상황으로 전개한 것이 이 시의 의미를 살리는 매력이다. 조밥(조팝)을 먹던 시절의 시어머니 눈총과 같은 어려움을 그려낸 냉철한 정감이 놀랍도록 잔잔하다. 가난하던 시절을 회고하는 과거형 문장이라서 서사적 성격

이 강하나 묘사 중심으로 잔잔하게 분위기를 이끈 점이 돋보인다.

3부
매미의 언어를 해석하다

3부에서는 매미의 언어를 해석해야 하는 안타까운 상황을 비평적 시각으로 쓴 시들을 묶었다. 「매미의 언어를 해석하다」를 서시로 올려 사회적 관심을 유도했다. 시는 정치가 아니지만 정치를 풍자하고 비평할 수 있다. 시인을 사회의 나침반이라 하는 것도 그 때문이다. 어머니의 가르침이 새록새록 잠언처럼 살아나는 현실을 초록별 살리기의 시점으로 시 세계를 열었다.

맴 맴 매~앰

세상아 들으라
귀 기울여 듣고 마음 판에 새겨라

백 년을 자랑하지 말고
천 년을 외치는 하루를 들으라

초록별이 몸살이 났다
머뭇거릴 시간이 없다

싸움은 이제 그만
초록별을 살려야 산다

맴 맴 매~앰

-「매미의 언어를 해석하다」 전문

명령으로 시작하는 시는 강한 교훈성을 지닌다. 나를 따르라는 구호가 전체의 행동을 어거하듯 시인은 자신 있는 목소리로 사회를 계도하려 외친다. 이현민 시인은 매미의 외침으로 사회의 교화를 시도한다. "귀 기울여 듣고 마음 판에 새"기라며 강제한다. "백 년을 자랑하지 말고/ 천 년을 외치는 하루를 들으라"는 선지자적 음성을 매미처럼 외쳐 댄다. 눈멀고 귀먹은 땅속 안거(安居) 7년에 드디어 열린 입이니 얼마나 쟁쟁할 것인가.

지상 살이 삼칠일 동안 '맴 맴 매~앰' 외쳐 대는 구호는 매미의 속 깊은 지침이 있다. 초록별이 몸살 나서 머뭇거릴 시간이 없다는 것이다. 그래서 "싸움은 이제 그만/ 초록별을 살려야 산다"며 목 터지게 외쳐 댄다. 수미상응으로 간절한 외침의 의미를 강조하며 모두의 동참을 요구한다.

지상에서 바라보면 지구가 '초록별'로 보일까? 아니다, 달처럼 투명하게 보인다. 그러나 생명체가 있고, 인간이 있고, 꿈이 있는 별이기에 초록별이다. 편리하게 살자고 지구를 파괴하는 인간과 정치권을 훈계하는 선지자의 목소리를 대변한다. 3부는 초록별 살리기를 전제로 환경과 사회에 대한 목소리를 묶어 냈다. 시인의 사회적 책무가 무엇인지 깨닫게 한다.

밥 먹자는 말에 혹하지 마라
어떤 밥에는 가시가 있다

큰 가시 눈으로 찾아내고
작은 가시 혀가 가려낸다

혀 잘못 놀리면 입안의 가시
나 잡아봐라, 숨바꼭질하지

가시, 목에 걸리는 날은
딱 걸리는 날이다

가시방석에 앉을지언정
가시밥은 먹지 마라

–「가시밥」 전문

흔히 '밥 한번 먹자'고 한다. 실천력이 없는 허언(虛言)을 입버릇처럼 인사말로 사용한다. '다음에 다시 올게요'도 역시 실천이 따르지 않는 인사다. 그저 입에 발린 구어(口語)일 뿐이다.

「가시밥」은 이현민 시인이 조리해 낸 신종 메뉴다. 출세하기 위해 눈치와 아첨까지 섞어 달콤하게 비벼 댄 밥이다. 잘못 먹으면 토해 내야 하고 법망에 걸려 신세 망치는 불법을 맛있는 양념으로 '보암직하고 먹음직하게' 포장하였기에 얼른 먹기 십상이다. 그러나 유혹의 덫에는 가시가 있다. 칼국수에 칼이 없듯, 가시밥에도 가시가 없다. 그런데 세상은 가시밥이 유통되어 "나 잡아봐라, 숨바꼭질하"는 풍경이 자주 보인다. "밥 먹자는 말에 혹하지 마라"는 경계는 혼탁한 세상을 건전하게 정화하고자 하는 청렴한 목소리다. 그것으로는 부족한 듯 "큰 가시 눈으로 찾아내고/ 작은 가시 혀가 가려낸다"며 곳곳에 감시의 눈초리가 있다는 정보도 제공한다.

오늘의 동지가 내일의 적이 되고 어제의 원수가 오늘의 벗이 되는 의(義)의 전도(顚倒)현상은 가시밥을 제공하는 자와 먹은 자의 이권 행위에 따라 변질되는 불법행위의 결과다. 정경유착이나 권력에 빌붙은 자들이 「가시밥」에 목이 걸린 경우가 자주 나타난다. 그래서 시인은 "주초위왕(走肖爲王)"과 같이 배신과 음모가 난무하는 사회에 경구를 날린다. 잠언의 한 구절과 같은 명언.

"가시방석에 앉을지언정/ 가시밥은 먹지 마라"

어린 시절의 「사방치기」는 땅 뺏기의 순수한 놀이였다. 해가 지면 네 편, 내 편도 없이 웃으며 돌아서던 추억을 전쟁이 난무한 세상에 평화의 메시지로 던지고 「우수절(雨水節)」에서는 어렵게 꼬여가는 국내 현실의 해법을 제시하듯 권유문과 같은 시로 남겼다.

"차돌보다 단단하고 차가운 얼음장아/ 스르르 몸 풀고 다문 입 열면 좋겠네/ 아집이 황소뿔이라 해도/ 흥망을 분별 못하는 청맹은 되지 말아야지/ 고집뿔 스스로 뽑으면 두 번 좋겠네//하늘 아래 순리를 거스를 역리는 없지/ 버틸수록 등짐 무게만 더해질 뿐/ 지은 매듭은 엮은 손이 푸는 게 옳아"

4연의 시 중 1, 2연의 내용이다. 우수에 얼음이 녹듯 모든 게 스르르 녹아 풀리기를 바라는 사회적 여망이다. 우리의 현 상황에 가장 잘 어울리는 경구다.

절벽을 만나본 적 있는가
절벽을 만나거든 빨리 돌아서라
벽은 바람막이가 되지만
절벽 끝은 소망 없는 낭떠러지다

절벽은 하늘도 땅도 없다
보이는 눈도 감고 못 본 척

들리는 귀도 막고 못 들은 척
절벽의 다른 이름은 벽창호다

하늘 아래 홀로 외로운 바위
제 곳으로 갈 때 아끼는 자 없으리

-「절벽을 고발한다」 전문

벽과 절벽을 멋지게 규명했다. 벽은 새로운 시작점으로 희망일 수 있으나 절벽은 절망을 상징하는 끝이다. 바람막이 역할을 해 주는 고마운 것이 벽이지만 절벽은 소망도 없는 낭떠러지라는 현상학적 분석은 시인의 날카로운 시각이라야 가능하다.

「절벽을 고발한다」를 읽고 자문한다. 우리가 직면한 현상은 벽인가 절벽인가. 고발의 대상으로 올렸으니 분명히 최상급의 절벽, 벽창호일 듯하다. "절벽을 만나거든 빨리 돌아서라/ 벽은 바람막이가 되지만/ 절벽 끝은 소망 없는 낭떠러지다" 1연에서 보인 절벽의 소회는 소망 없는 낭떠러지라서 고발한다는 것이다.

"절벽은 하늘도 땅도 없다/ 보이는 눈도 감고 못 본 척/ 들리는 귀도 막고 못 들은 척/ 절벽의 다른 이름은 벽창호다"

시인의 주체적 판단이 현상학적으로 드러나 있는 장면이다. 절벽인들 어디 하늘과 땅이 없을 것인가. 세상이 그렇게

변한 상황을 절벽에 빗대어 진술하는 비법이 시의 문법이자 감동과 교훈을 유발하는 비결이다. 그래서 못 본 척, 못 들은 척 방관의 자세를 유지하며 살아간다. 그러나 고발자의 자세는 끝까지 냉철을 기해야 한다.

"하늘 아래 홀로 외로운 바위/ 제 곳으로 갈 때 아끼는 자 없으리"

날카로운 지적이 무섭다. '외로운 바위'는 시인이 만난 벽창호, 절벽이지만 시적 등가물로서 독자를 향한 목소리이기도 하다. 사회 정의를 밝히려는 목소리가 3부에 고스란히 실려 있어 우리 사회의 문제와 해결점이 무엇인가를 깨닫게 한다. 새삼 세상을 향한 이현민 시인의 목소리가 무겁게 느껴진다.

4부
봄 여름 가을 겨울 그리고 세상

모든 질서는 계절의 순환으로부터 비롯된다. 춘하추동이 한 단어처럼 익숙해졌는데 요즈음에는 봄가을이 짧아 여름과 겨울이 질서의 축처럼 작용하고 있다. 질서의 회복, 그것이 원초적 생명들이 살아가는 바탕이기에 「봄 여름 가을 겨울 그리고 세상」을 4부의 서시로 제시했다.

인생의 순환이 계절의 변화와 흡사하여 삶의 주기를 춘하

추동에 비유했다. 그러더니 시기에 맞게 상황을 점검했다.

유년-'빛나는 미래 새 희망이 보인다'

청년-'튼실한 기둥감, 젊음 우뚝하다'

장년-'땀으로 일군 가을걷이 든든하다'

노년-'세월을 관조하는 지혜가 넘친다'

계절에 따른 인생 시기의 의미 부여가 적절하다. 그런데 사계절에도 없는 '세상'을 설정하여 '모두 입 다물고 한 계단 내려서기'라는 단계를 제시했다. 봄·여름·가을·겨울은 "사람의 계절"이기 때문에 "하늘이 높다고 콧대도 높아" 볼품없는 사회라서 보다 높은 차원의 세상이라는 계절을 상정한 것이다. 4부의 시는 입 다물고 한 계단 내려서라는 겸손과 이웃을 생각하는 인간관계를 주제로 묶었음을 암시한다.

어떻게
하고 싶은 말을
다 쏟아내고 다니니?

그렇게
속에 있는 말 다 뱉으면
네 속은 시원하냐?

그리고
솔직을 핑계로 말 팔매질 하고
네 팔은 멀쩡하냐?

한 번이라도
돌 맞은 속 얼마나 쓰리고 아플지
깊이 생각해 봤니?

-「참새에게 묻는다」 전문

서시로 제시한 「봄 여름 가을 겨울 그리고 세상」의 속편으로 주제를 구체화한 작품이다. 2부의 「조팝꽃」처럼 수평적 관계의 진술로 시적 강도를 더해 가는 형태다. 더구나 대답이 필요 없는 질문으로 마무리하며 주제를 강조한 점이 시의 맛을 더해 준다. 설의법이 주는 문장이 특징을 시에 그대로 적용하여 독자를 생각의 바다로 끌어들이는 수법이다.

하고 싶은 말을 다 쏟아내는 사람, 속에 있는 말 다 뱉어내고 시원해하는 사람, 솔직을 핑계로 말 팔매질 하는 사람을 참새로 간주하여 너에게 피해받은 사람의 아픔을 헤아려 봤느냐고 나무란다. 흔히 속이 깊지 않아 재잘대는 사람을 참새에 비유하는 속설을 시에 차용한 것이 시적 효과를 높여 주제 전달이 용이하다.

각 연마다 어떻게, 그렇게, 그리고의 접속부사로 시작한 특이한 형태가 설의법 문장의 효과를 더한 기법이 시의 의미를 살린다. 이는 4연의 "한 번이라도"와의 연계를 자연스럽게 맺는 호응 관계를 이루어 시에서 기피하는 부사도 적절히 사용하면 효과를 거둘 수 있는 예를 보여 주었다. 시어의 확장성에 해당하는 기법이라서 반갑다.

집 안에 먼지가 쌓였거든
손님을 초대하세요
손님맞이는 청소부터 하지요

별식이 먹고 싶으면
손님을 초대하세요
그를 위해 만나를 준비하니까요

서러워 눈물이 나거든
손님을 초대하세요
하얀 손수건 손에 들고 오시는 손님

외롭고 쓸쓸할 때는
손님을 초대하세요
그가 부른 사랑 노래 위로랍니다

두려움이 몰려올 때는
들려오는 온유한 주님의 음성
"나의 평안을 너에게 주노라"*

* 요한복음 14:27

-「손님을 초대하세요」 전문

어렵지만 아름다운 역설이다. 집 안에 먼지가 쌓였을 때 손님을 초대하라니. 그러나 손님을 맞을 때는 집 안 청소부터 하는 속성을 시재로 끌어낸 수법이 멋있다. 게으름 부리고 싶을 때면 손님 맞을 준비를 하라는 귀여운 충고다. 4부의 시들이 겸손과 이웃사랑의 인간관계를 주제로 다루었다는 확실한 증거로 제시할 만한 작품이다. 맛있는 음식을 먹고 싶으면 이웃을 초대하라, 눈물이 나거든 손님을 초대하라, 외롭고 쓸쓸할 때 손님을 초대하라. 이 시에서 수직적 언어는 마지막 연의 "나의 평안을 너에게 주노라"다. 4연까지 수평적 구성으로 진술하다가 "두려움이 몰려올 때"에서 벗어나기 위해 선택한 것은 "온유한 주님의 음성"이다. 그래서 위계를 밝히는 주님의 음성을 차용하여 그 능력에 의지하는 인간으로서의 연약함을 드러냈다.

"평안을 너희에게 끼치노니 곧 나의 평안을 너희에게 주노라 내가 너희에게 주는 것은 세상이 주는 것과 같지 아니하니

라 너희는 마음에 근심하지도 말고 두려워하지도 말라” -14장 27절

신앙인으로서 당연한 귀의이기에 요한복음에서 위로와 평안을 누린다. 그것이 신앙의 힘이다.

5부
노을빛 사랑아

5부의 시는 노을로 물들어 간다. 김광석의 '너무 아픈 사랑은 사랑이 아니었음을'의 노랫가락이 잔잔하게 들려오는 아픈 주제다. 제1부의 「노을빛」에서는 사색과 명상의 분위기에 빠져드는 사유의 시인 데 비해 제5부의 서시로 제시한 「노을빛 사랑아」는 분위기와 주제가 완전히 다르다. 세월이 실린 황혼으로서의 노을이다.

노을이 유난히 곱게
빛나던 가을

아프도록 아름답게
떠난 사랑아

오늘도 노을빛은
붉게 타는데

그대 사랑
어디서 식어가는가

-「노을빛 사랑아」 전문

사랑이 노을빛 고운 가을에 떠났다. 그것도 아프도록 아름답게 떠났다. 보기 드문 모순 형용의 역설로 떠난 사랑을 아쉬워하고 있어 표현의 기법이 보인다. 어김없이 노을은 타는데 오늘처럼 노을이 더 붉게 타면 생각이 간절해진다. 문제는 노을이 타면 사랑도 더 깊어져 기쁨이나 환희의 정감으로 승화되어야 하는데 "그대 사랑/ 어디서 식어가는가"라는 탄식으로 바뀌는 점이다. 이는 '아프도록 아름답게/ 떠난 사랑'에 대한 자신의 마음이 식어가는 아쉬움을 완곡하게 표현한 역설이다.

이 시는 독립된 한 편의 시로 감상해야 시적 의미가 강하게 살아난다. 사랑을 잃은 연인의 아픔을 노래한 연가(戀歌)로 인식되는데 5연의 전체 시와 연계하면 이별의 슬픔을 토로한 탄식의 정서가 더 강하게 살아나기 때문이다. 그래도 「노을빛 사랑아」를 서시로 제시한 의도에 따라 「건강한 자존심」과 연계하여 읽거나 떠나간 사랑에 대한 애틋한 마음, 또는 더 높은 의미를 부여했다고 보아도 무리가 없을 것 같다.

늙으면 친구가 재산이라고 버릇처럼 읊었다
친구는 밥 먹어야 정이 든다고
젊어서부터 밥을 자주 사던 우리 집 남자

피서 못 간 아쉬움 가을 여행으로 달랜다고
의논차 친구 만나러 어깨 펴고 나가더니
밥 대접도 안 하고 비 맞은 낙엽으로 돌아왔다

동행할 줄 믿었던 친구들 이런저런 핑계로
절반이 불참이라 그만두기로 했단다
친구들 핑계가 섭섭했겠다 싶어 짠했다
헛물 속앓이로 두문불출, 보기 딱했다

친구들 불러 속풀이 한 상 차릴 요량으로
장바구니 꺼내 들고 장보기 나섰다
음식 준비로 시끄러워도 방문 한번 안 열더니
우르르 몰려온 친구들은 반갑게 맞이한다

친구 불러 집밥 대접하는 걸 좋아해서
때때로 하던 짓을 오랜만에 해봤다

진짜 진짜 좋은가 보다
고맙다, 미안하다, 속 깊이 감춰둔 문장도 꺼내고
손도 잡아주고 등도 토닥여 주니 성공한 상차림이다
더 놀랄 일은 설거지를 하겠다고 앞치마를 두른 것이다

살아온 평생 처음으로 받은 설거지 선물
남자라는 뿔을 뽑아버린 건강한 자존심, 멋지다
올가을엔 들꽃 한 다발 받아볼 것 같아 가을 향이 짙다

-「건강한 자존심」 전문

부부의 다정했던 순간이 산문적 리듬을 타고 다정하게 펼쳐진다. 삶의 여정이 "들꽃 한 다발 받아볼 것 같"은 순수한 기쁨이 "가을 향이 짙다"는 감탄으로 이어진다. 제목부터 건강하다. 자존심에도 '건강한'이라는 관형어를 수식어로 쓸 수 있다는 것부터 시적 흥미를 더해 준다.

재테크보다 재(財)친구가 더 중요하다고 한다. 나이 든 사람들이 금언처럼 여기는 말로 친구 많은 게 재산이라는 걸 일컫는 신종 합성어다. 남편의 변신, 나이가 들어 친구를 밝히는 상황에서 친구로 인해 실망한 상황을 맞는다. 그래도 친구들과 더불어 해결하려는 변화에 속풀이 준비를 해 줬더니 남자의 자존심까지 내려놓은 변화를 보인다. 아무리 나이가 들었다 하지만 급변한 말과 행동에 놀라지 않을 수 없다.

"속 깊이 감춰둔 문장" 고맙다, 미안하다는 말 한마디에 감동하는 것이 여자다. 더구나 "설거지를 하겠다고 앞치마를" 둘렀으니 남편이 달리 보이는 것은 당연하다. 평소 자존심처럼 지키던 남자의 위상을 앞치마로 감싸고 설거지까지 해 주는 행동에 "남자라는 뿔을 뽑아버린 건강한 자존심, 멋지다"고 감탄하며 "올가을엔 들꽃 한 다발 받아볼 것 같아 가을 향이 짙다"고 감동한다. 시도 그렇지만 그 감동이 더 멋지다.

참 부럽고 아름다운 정경이다. 그러나 앞서 감상한 「노을빛 사랑아」는 「건강한 자존심」을 바탕으로 한 시라고 생각해도 괜찮을 것 같고 큰 사랑을 떠나 방황하는 영혼을 안타까워하는 마음이라면 별처럼 높은 뜻이라 생각되어 다시 한번 되뇌어 본다.

낡은 의자에 낙엽이 앉아 있다
등 굽은 외로움이 보인다
찾아오는 이 없어
먼 하늘만 바라보는 쓸쓸한 저녁

무거운 짐에 눌린 일생
굽은 어깨가 보인다
평생 참은 황소 울음이 들린다
평생 착한 바보가 보인다

바보 의자에 앉았던 낙엽

노을 따라가고 가을이 저문다

-「바보 의자」 전문

제4시집 『나는 너를 더 많이 사랑한다』의 압권이다. 79편 중 감정의 결정이라 할 수 있는 시 「바보 의자」. 그 의자는 내가 의지해온 대상이자 사랑이다. 그 낡은 의자에 낙엽이 앉아 있어 등 굽은 외로움이 보이는 현상은 곧 이현민 시인이 자신의 쓸쓸한 심정을 토로한 감정이입이다. 바보 의자가 사라져 이제는 어깨가 굽어지도록 무거운 삶을 사는 동안 황소 울음 한번 속 시원하게 울어 본 적 없는 남자(들), 그래서 착한 바보가 더 불쌍한 생각이 드는 것이다. 평생을 반복하여 강조한 순수성에 아픔이 덧입혀 온다. 그래서 바보 의자에 앉았던 낙엽은 노을을 따라가고 저무는 가을의 쓸쓸한 감정을 화려하게 감춰 보려는 것이다.

누구나 당하는 아픔이지만 감정을 추스르면서 시를 쓰는 사람은 위대하다.

맺음말

이현민 시인의 시를 읽으면 윌리엄 블레이크의 시「Night」가 떠오른다. 이사야 11장 6-7절을 모티브로 하여 폭력과 갈등 대신 모두가 평화롭게 공존하는 천국의 풍경을 묘사한 시다. 사자와 같은 맹수도 풀을 뜯으며 살고, 어린아이가 모든 짐승을 이끌며 더불어 사는 조화로운 세상으로 누구나 그리는 천국의 모형이다. 박두진 시인도 같은 성경을 원용한「해야 솟아라」에서 천국의 풍경을 노래하여 평화로운 세상이 이루어지기를 희원했다.

기독교 정신을 숭앙하기에 이현민 시인도 평화로운 공존을 위해 따뜻한 세상이 이루어지기를 소원한다. 평소 평화와 행복을 충분히 누릴 수 있는 자유의 나라에서 살아 왔기에 천국이 이루어지기를 소망할 수 있는 것이다. 이현민 시인의 시 세계가 따뜻하고 정감이 넘치는 이유다.

제4시집『나는 너를 더 많이 사랑한다』를 중심으로 이현민 시인의 시에 나타난 특징은 다음과 같이 요약된다.

1. 시의 구성이 병렬적이다. 얼마든지 연을 더할 수 있는 열린 구성이다.

2. 시의 소재를 생활 속에서 택하여 독자와의 교감이 쉽게 이룰 수 있다.

3. 난삽한 어휘나 난해한 문장으로 서술하지 않아 이해하기 쉽다.

4. 신앙을 바탕으로 한 사유와 실천으로 종교와 문학의 교호작용을 보여 주었다.

5. 사랑과 이별의 정서를 속 깊은 정감으로 담담하게 그려냈다.

6. 사회현상을 경계하는 목소리로 시인의 사회적 책임 의식을 드러냈다.

7. 서사적 이야기는 장르를 넘나드는 산문시로 호흡이 긴 문장을 사용했다.

7번의 특징은 제5부의 시에서 두드러지게 나타나는데 「와이육(蛙二肉)」은 한 편의 동화라 해도 좋을 만한 작품이고 「오월 산책길에서」, 「도토리거위벌레 이야기」, 「특별한 여름나기」, 「비를 두려워하지 않는 사람」, 「무소식이 희소식」 등은 수필과 같은 작품으로 시의 산문적 특징이 드러나 있다. 「얼음새꽃」, 「반올림」과 같은 운문성을 고수한 시를 배열하여 한쪽에 치중하지 않은 신중함을 보였다.

몇 편의 시로 시인의 삶을 파악하는 것은 우려스러운 일이지만 내면을 통해 이력을 추론하는 것은 시가 시인의 거울이기 때문이다. 이현민 시인의 시와 함께 가을을 맞이하여 반가웠다. 지는 노을의 의미를 생각하며 시를 감상하게 한 이현민 시인께 감사하며 제4시집의 상재를 축하한다. 더 큰 위로와 감동과 교훈으로 다시 만날 수 있기를 기대한다.

2025. 11. 2.

문형산 기슭 천수재에서,

샘물 강 기 옥

나는
너를 더 많이 사랑한다

초판 1쇄 발행 2025. 12. 22.

지은이 이현민
펴낸이 김병호
펴낸곳 주식회사 바른북스

편집진행 황금주
디자인 최다빈
마케팅 송송이 박수진 박하연

등록 2019년 4월 3일 제2019-000040호
주소 서울시 성동구 연무장5길 9-16, 606호 (성수동 2가, 블루스톤타워)
대표전화 070-7857-9719 | **경영지원** 02-3409-9719 | **팩스** 070-7610-9820

•바른북스는 여러분의 다양한 아이디어와 원고 투고를 설레는 마음으로 기다리고 있습니다.

이메일 barunbooks21@naver.com | **원고투고** barunbooks21@naver.com
홈페이지 www.barunbooks.com | **공식 블로그** blog.naver.com/barunbooks7
공식 포스트 post.naver.com/barunbooks7 | **페이스북** facebook.com/barunbooks7

ISBN 979-11-7263-731-6 03810